徒手健身
女生版

不去健身房也能拥有好身材的秘诀

[韩] 赵诚俊 著　李舟妮 译

中国友谊出版公司

图书在版编目（CIP）数据

徒手健身：女生版 /（韩）赵诚俊著；李舟妮译.
—北京：中国友谊出版公司，2021.1
ISBN 978-7-5057-5084-5

Ⅰ.①徒… Ⅱ.①赵… ②李… Ⅲ.①女性—健身运动—基本知识 Ⅳ.①G883

中国版本图书馆CIP数据核字（2020）第237722号

著作权合同登记号　图字：01-2020-7546

닥치고 데스런 우먼스（THE WOMENS EXERCISE BIBLE DESLUN）
Copyright © 2016 by 조성준（CHO SUNG JUN，趙誠俊）
All rights reserved.
Simplified Chinese Copyright © 2020 by THE DIFFERENCE
Simplified Chinese language edition is arranged with BEIJING XIRON BOOKS CO., LTD
through Eric Yang Agency

书名	徒手健身：女生版
作者	〔韩〕赵诚俊
译者	李舟妮
出版	中国友谊出版公司
发行	中国友谊出版公司
经销	新华书店
印刷	天津丰富彩艺印刷有限公司
规格	700×980毫米　16开
	11印张　50千字
版次	2021年3月第1版
印次	2021年3月第1次印刷
书号	ISBN 978-7-5057-5084-5
定价	48.00元
地址	北京市朝阳区西坝河南里17号楼
邮编	100028
电话	（010）64678009

如发现图书质量问题，可联系调换。质量投诉电话：010-82069336

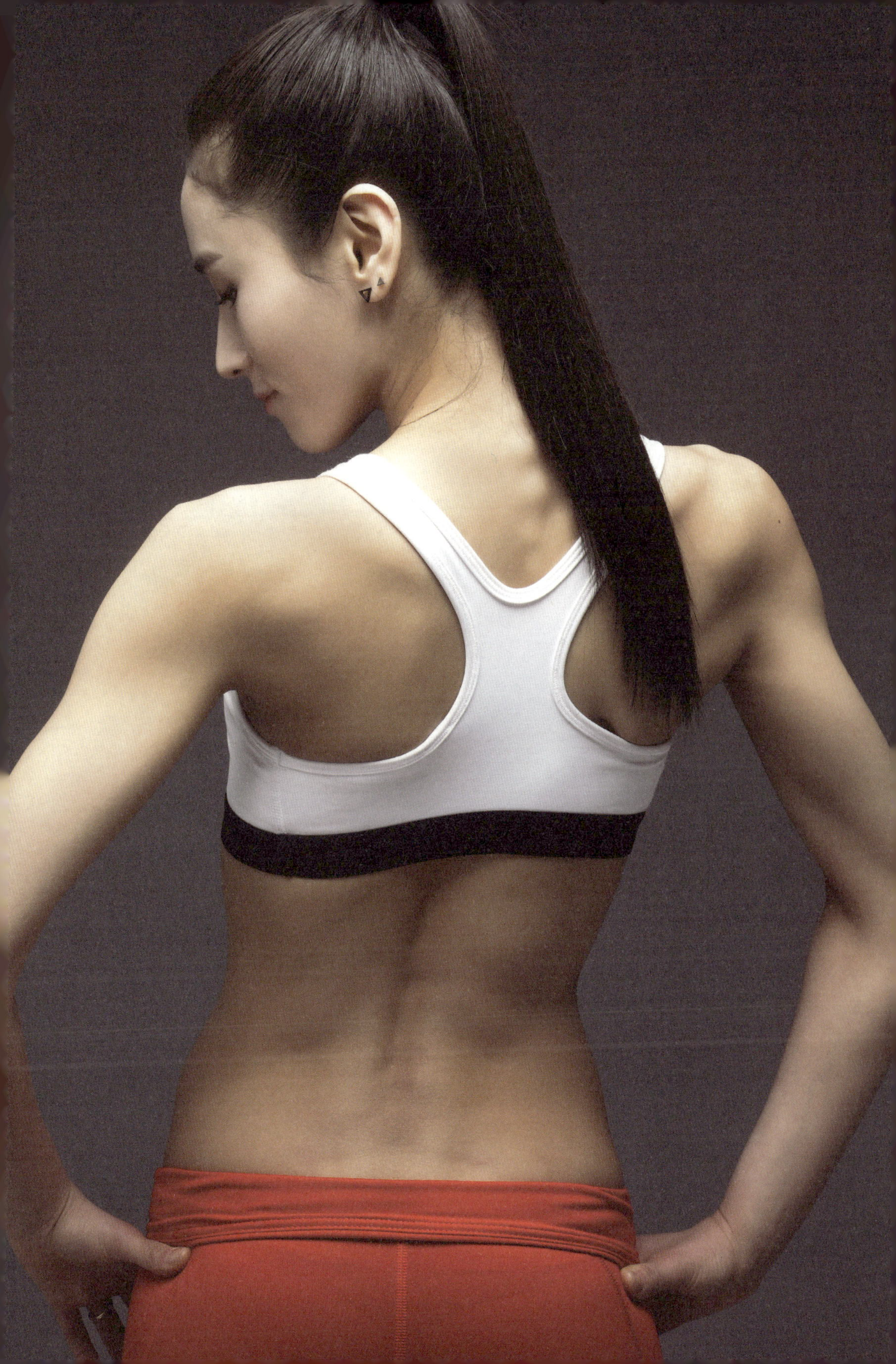

序 | 赵诚俊

想拥有傲人身段，就从现在开始行动！
"女性健身教程"

在刚开始策划德斯朗女性健身项目的时候，我是有些迷茫的。如果找专业模特或健身运动员来进行教学示范，效果固然理想，却少了一些真实感。正当我苦恼不已时，突然想起了身边朝夕相处的未婚妻。她三十出头，从不健身，最喜欢炸鸡、啤酒、冰激凌和各种零食，虽然平时看上去不胖，身上却有不少赘肉和橘皮组织。说句老实话，作为一个靠健身吃饭、以健身为终生事业的男人，眼看自己未来的妻子对运动毫无兴趣，甚至还得靠衣服来掩盖赘肉，着实有些难过。何不趁这次项目的机会，让她开始健身呢？这样既满足了我的一个小小心愿，又能给读者带来更真实的教学示范效果。于是，我鼓起勇气向未婚妻提出了请求——"亲爱的，你就当为了我所热爱的事业做一次牺牲吧！"在我的软磨硬泡之下，她终于答应了下来。从那天起，她就在我的带领之下开始了健身之路。过程之艰苦自不必说，中途亦有过无数次挫败，但一年半之后的今天，她有了纤细的腰身、紧实的臀部，原本软塌塌的肚子上也有了漂亮的腹肌。就在我写这篇文章的时候，她还在勤奋地健身呢。

在这个世界上，金钱可以买到许多东西，却买不到好身材。即便你拥有一个亿，也无法用它换来令人艳羡的曼妙身段。只有那些愿意付出时间与汗水的人，才能尝到好身材带来的无与伦比的美妙滋味，那滋味比世界上任何一种美味都更让人欲罢不能。

在带领妻子正式开始健身之前，我对她说："相信我吧，我一

03

定会让你知道运动有多美好。一旦你尝到了这种美好，就会自然而然地爱上它。"

正如我在上一本书《德斯朗运动教程》中说过的那样，我绝对不会为了提高销量而打出"四周减肥"之类的虚假口号。这一点，也是我选择出版商时所坚持的原则。我希望我的书不以盈利为最终目的，而是给读者带来实实在在的收获。

如果你已经下定决心开始健身，那就继续阅读本书，跟我一起运动吧！如果你希望通过本书在两三个月内就获得好身材，那我劝你还是趁早放弃。三个月，仅仅只能让你开始有一些运动的感觉。六个月，你才可能会有一些显著的进步。一年之后，当你经过两三次的"瓶颈"期，才会看到自己告别赘肉与脂肪，拥有充满弹性与力量的好身材。从那时起，你的坚持之路才正式开始！你会继续一点一点进步，在好身材的路上越走越远。

通过本书，你既能读到一个普通女性如何通过艰苦训练获得完美身段的励志故事，也能学习到关于健身运动最专业、最实在的知识。

从现在起，就让我们开始为期一年的健身挑战吧！请相信，你的努力定能换来梦想中的好身材，它将让你在未来几十年的时间里充满快乐与自信！

最后，祝你好运！

序 | 赵诚俊的妻子——申英珠

如果什么都不做
就什么也无法改变

● ●

以前的我虽然不算胖，却也是满身赘肉，根本不敢穿紧身牛仔裤。那个时候，零食、淀粉类食物和炸鸡对我来说，就是世界上最美味的东西，而运动可以说是我最讨厌的事。即便如此，我也有一颗疯狂想要减肥的心。而我选择的减肥方式是节食。这样做的后果是我的体重总是忽上忽下，身材却始终没有改观。但在当时的我来看，减肥是绝对不能靠运动来完成的。"万一运动之后变成肌肉猛女可怎么办？"如此荒唐的担忧，让我迟迟没有开始运动。即便是一年365天与拥有巧克力腹肌的赵诚俊生活在一起，听了长达四年的唠叨，我依然对运动无动于衷。

随着婚期临近，我辞掉了工作赋闲在家。于是，活动量大幅减少，零食量却与日俱增。很快，赘肉便开始在我身上如雨后春笋般疯长起来。频繁的消夜和大量刺激性食物使我的大腿越来越浮肿，手臂越来越松弛，甚至长出了难看的橘皮组织！二十几岁的时候，我只要节食几天就能恢复身材。而现在三十岁了，减肥变得越来越难。与日俱增的体重与赘肉，让我开始意识到问题的严重性。正在这时，老公提出了让我当《徒手健身：女生版》示范模特的建议。

"在我的亲自调教下，你一定可以成为优秀的健身模特……"

"别人要花好多钱才能学到的课程，我可以免费学，何乐而不为呢？"就这样，我一口答应了下来。从那天起，我便开始了长达一年半的健身训练——一段不断游走于天堂与地狱之间的难忘旅程。

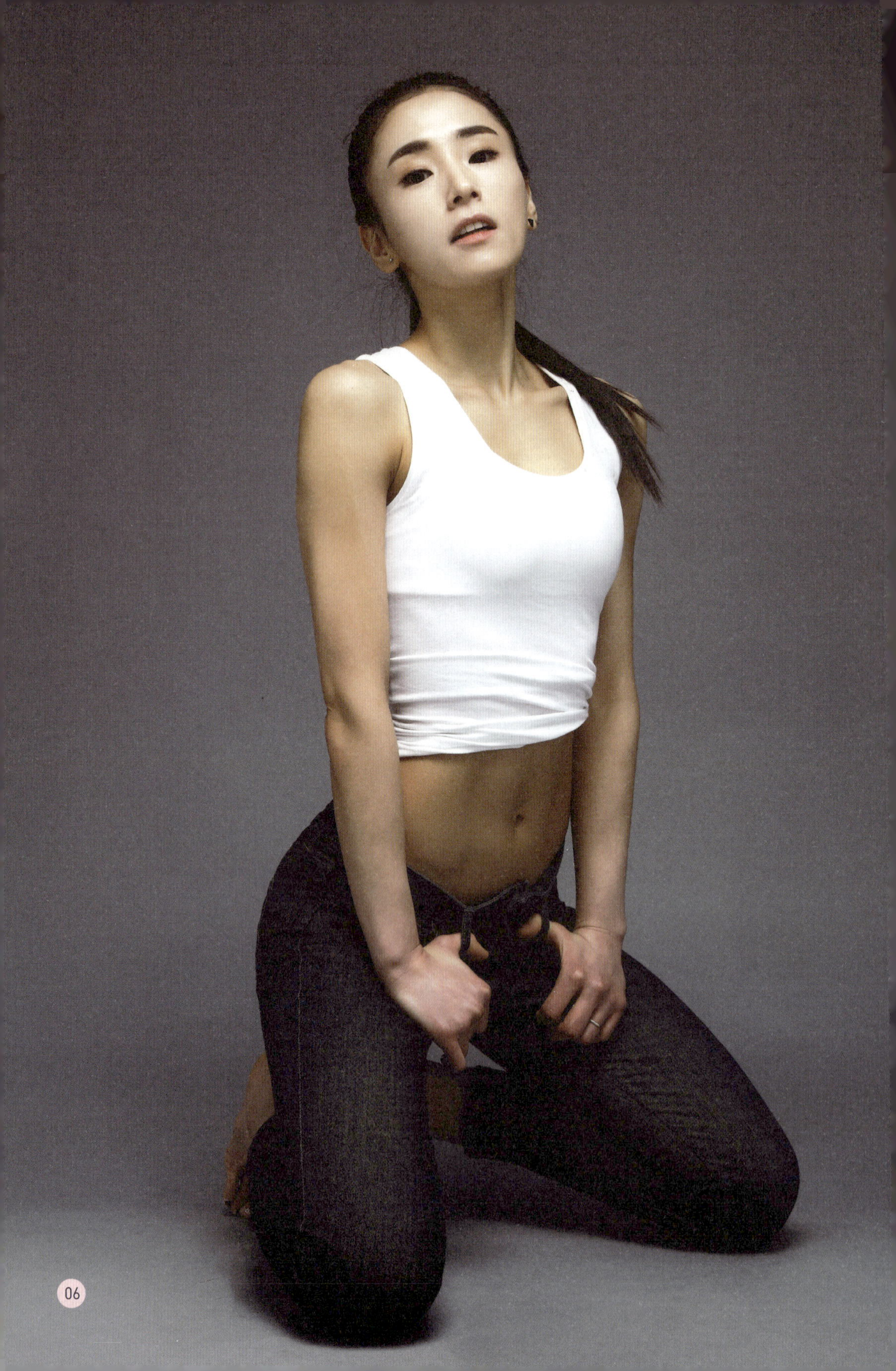

运动一个月之后我的腹部赘肉。

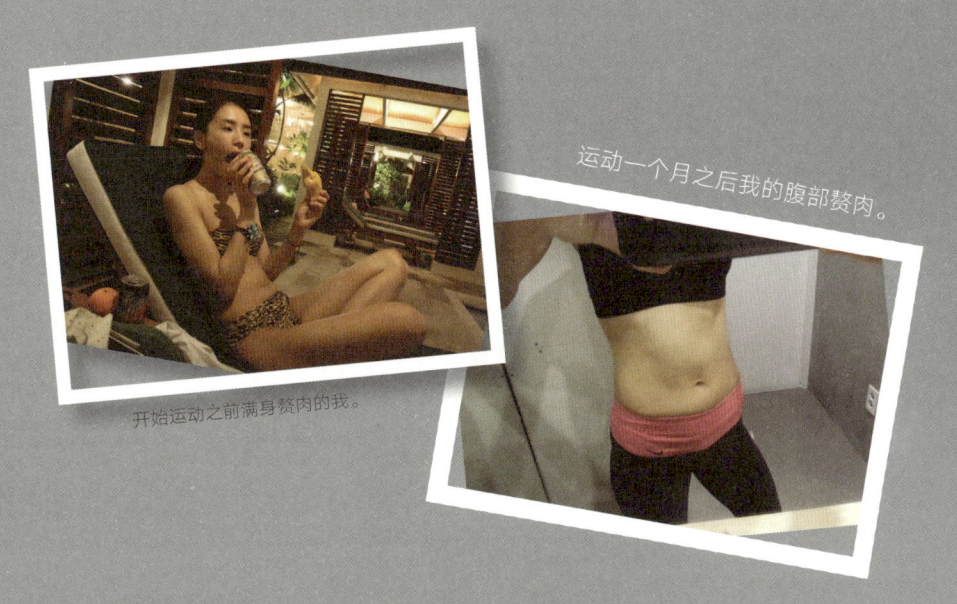

开始运动之前满身赘肉的我。

直到今天，我的训练之旅还在进行之中，并且在未来的日子里也会继续坚持。因为，我已经从运动中获得了前所未有的成就感，以及越来越健康的身体、越来越快乐的内心。

怀着激动与期待，我开始了德斯朗运动之旅。不承想，这却成为我人生的重要转折点。如今，运动已经成为我生活中不可或缺的一部分。我希望让更多的人看到，既非健身专家也非专业运动员的我，也能通过德斯朗家庭健身训练拥有紧致有型的身段！

"你真的会坚持运动下去吗？"面对这个问题，我也许会犹豫那么几秒钟，但只要看一看自己漂亮的腹肌和充满弹性的臀部，便立刻有了继续运动、拒绝美食诱惑的力量！也许，我真的会一辈子坚持下去呢！

在本书中，我的老公将他十年间从事健身所积累的经验与知识倾囊相授，而我则负责将自己实践学习的过程和心得与各位分享。

你可以将本书放进书柜里不闻不问，也可以将它带在身边随时为己所用。选择权完全属于你。但如果你选择了后者，你的人生也许就会从此不一样。希望有一天你也可以和我一样，只需要一条牛仔裤和一件白T恤，就可以展现出漂亮的好身材！

最后，祝你好运！

不去健身房
也能拥有傲人身段的秘诀！

男性运动是以增加肌肉和打造健硕身材为目的的，所以器械的使用有其必要性。而大部分女性运动的目的在于改善臀部、胸部和腹部曲线，剩下的身体部位并不需要那么多肌肉。既然如此，何须器械呢？健身房里的器械是为那些练肌肉的人准备的。你是想拥有健硕的肌肉，还是想拥有性感的曲线呢？如果是后者，那么你所需要的东西很简单，即一颗坚定不移的决心和一对轻便的哑铃。看到这里，如果你还有去健身房的欲望，那么恐怕你所渴求的只不过是"健身房"这三个字所代表的东西了——"只要去了那里，就能瘦下来！"但事实上，如果你不努力，就算天天去健身房也没有任何作用。如果你已经决定要拥有更健康的身体和更漂亮的曲线，那么你只要准备好两平方米的运动空间以及一本《徒手健身：女生版》就足够了。

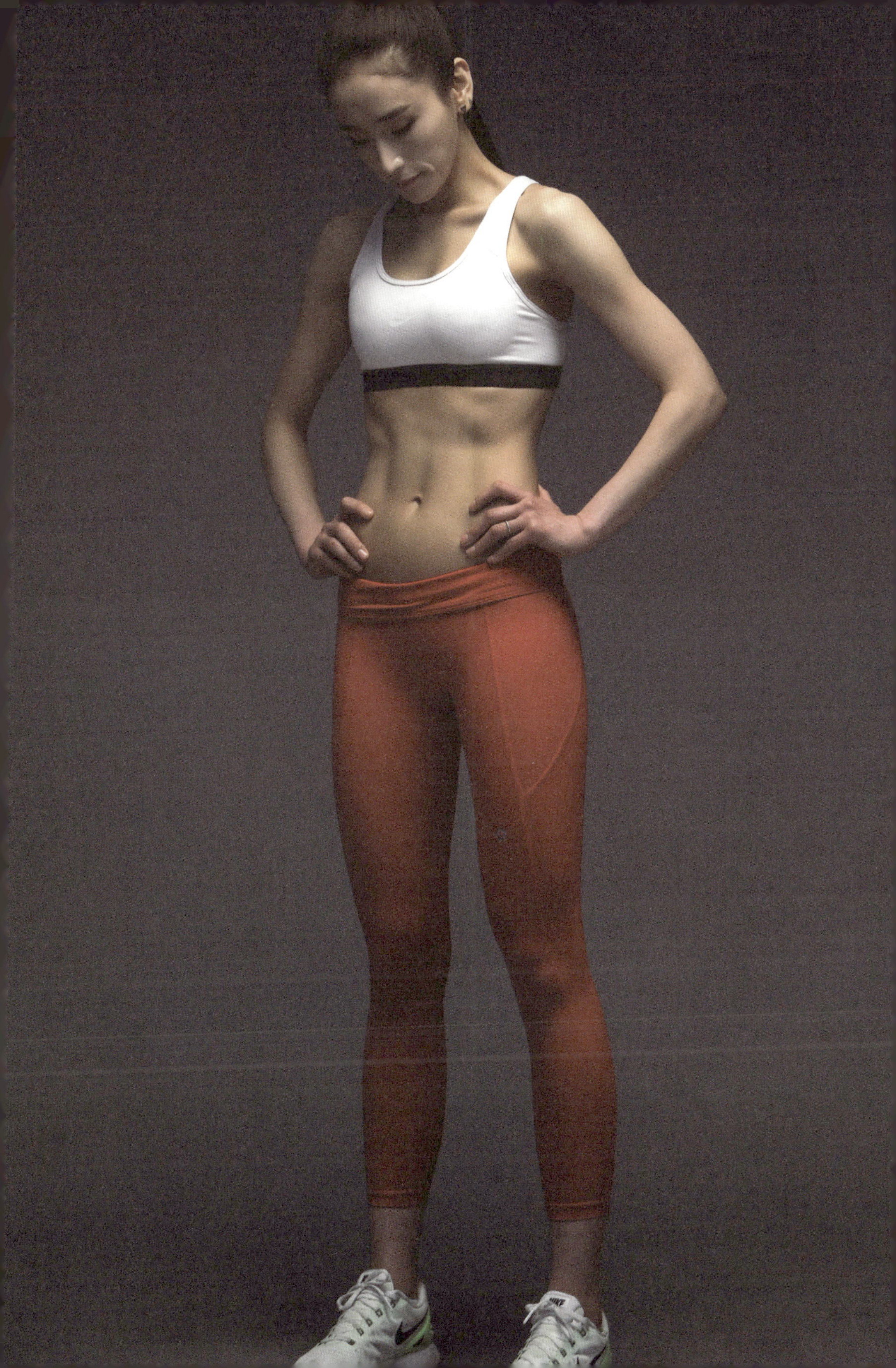

第1部分

减肥女性最关心的12个问题

Q1 健身运动会让我变成肌肉猛女吗？ | 002
- ▶ 要想瘦大腿，应该做什么运动？ | 004
- ▶ 我想瘦肚子！是不是只要拼命运动就可以想吃就吃？ | 004

Q2 在腹部有赘肉的情况下，还能练出漂亮的人鱼线吗？ | 006
- ▶ 为什么拼命健身还是练不出腹肌来？ | 008

Q3 要想减肥，是不是必须先做有氧运动？ | 009
- ▶ 骑自行车可以减肥吗？ | 010

Q4 是否可能在三个月之内减肥成功？ | 011
- ▶ 挺过最艰难的前三个星期！ | 013
- ▶ 成为"运动女神"的五大秘诀 | 015

Q5 生理周期对减肥有什么影响？ | 016
- ▶ 生理期根本不想动，还怎么坚持运动？ | 018

Q6 运动可以让胸部变大吗？ | 019
- ▶ 为什么减肥总是先瘦胸？ | 020

Q7 怎样消灭橘皮组织？ | 021
- ▶ "我再也不想穿塑形裤了！"消灭橘皮组织，秀出性感曲线 | 022
- ▶ 预防腿部浮肿的秘诀 | 023

Q8 怎样才能拥有翘臀？ | 024
- ▶ 运动真的可以让扁屁股变成翘屁股吗？ | 025

Q9 为什么体检没有异常，却总是觉得腰部和膝盖疼痛？ | 026
- ▶ 腰疼的老毛病，竟然可以靠运动治愈！ | 027

Q10 食疗减肥为什么失败率高？ | 028
- ▶ 节食减肥和韩方减肥都不可取，那究竟怎么吃才能减肥？ | 030

Q11 饮食控制，就是要每餐控制卡路里吗？ | 031
- ▶ 选购食物时，成分表比卡路里更值得关注！ | 032

Q12 减肥食谱，到底该吃什么好？ | 033
- ▶ 减肥食谱，没必要那么复杂！ | 035

CONTENTS
目 录

第2部分

女性健身教程

开始德斯朗运动之前开始

第1章 德斯朗基础训练 | 051

  01 深蹲 | 052

  02 弓步 | 054

  03 硬举 | 056

  04 压肩 | 058

  05 俯身推举 | 060

  06 俯卧撑 | 062

  07 卷腹 | 064

  08 仰卧抬腿 | 066

  ▶ 完成基础训练之后，又该做些什么呢？| 068

第2章 局部塑身课程 | 069

 1 让胸部更加丰满的上肢运动 | 071

  01 宽距俯卧撑 | 072

  02 俯卧撑转胸部伸展 | 074

  03 俯卧撑抬腿 | 076

 2 告别蝴蝶袖，拥有性感的手臂和肩部线条 | 079

  01 俯卧撑转屈膝 | 080

  02 俯卧撑转拜日式 | 082

  03 哑铃侧平举 + 前平举 | 084

  04 阿诺德哑铃推举 | 086

  05 椅上手臂支撑 | 088

3 打造充满诱惑的背部 | 091

01 背部伸展 | 092

02 哑铃俯身划船 | 094

03 手臂挥包 | 096

04 俯身举包 | 098

4 塑造纤腿与翘臀 | 101

01 迷你深蹲 | 102

02 跳跃深蹲 | 104

03 椅上弓步 | 106

04 单腿弓步 | 108

05 臀桥 | 110

英珠姐姐在生活中常做的小运动 | 112

5 将腹部赘肉变为漂亮的人鱼线 | 113

01 仰卧起坐 | 114

02 扭转卷腹 | 116

03 卷腹抬腿 | 118

04 卷腹抬腿不动 | 120

05 V字型上举 | 122

6 核心区域训练——打造S曲线 | 125

01 单腿硬举 | 126

02 平板支撑 | 128

LV1 展臂平板支撑 | 128

LV2 肘部平板支撑 | 128

LV3 单腿抬起平板支撑 | 129

LV4 展臂平板支撑＋抬膝运动 | 130

LV5 肘部平板支撑＋抬膝运动 | 132

LV6 侧边平板支撑 | 134

LV7 侧边平板支撑＋抬腿 | 135

7 最好的居家有氧运动 | 137

01 死亡运动之波比 | 138

LV1 ●初级波比 | 138

LV2 ●波比 + 抬膝 | 140

LV3 ●波比 + 俯卧撑 | 142

LV4 ●跳跃波比 | 144

LV5 ●波比 + 俯卧撑 + 抬膝 | 146

英珠姐姐教你如何在运动的同时做好皮肤保养 | 148

英珠姐姐推荐的健康零食 | 149

英珠姐姐自制的美味减肥食谱 | 151

后记　不改变你的想法，你就什么也做不到！ | 156

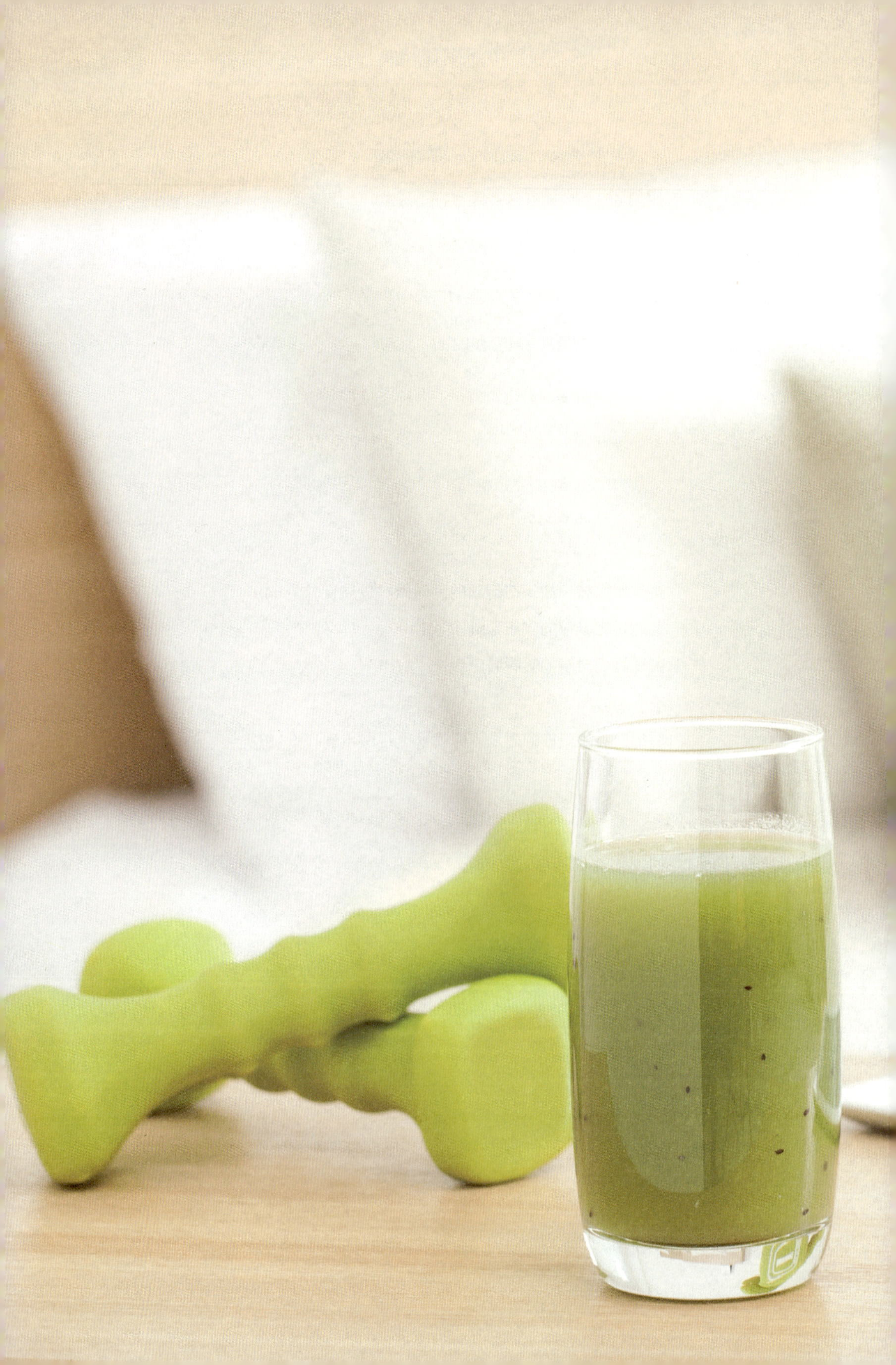

第1部分

减肥女性最关心的12个问题

在正式开始学习之前,让我们先来看看减肥女性最为关心的12个问题。这12个问题,也是我从事健身十余年来最常被问到的。我将以最简单明了的方式将答案告诉你。

Q1 健身运动会让我变成肌肉猛女吗?

如果在运动的同时不控制饮食,长期的肌肉锻炼的确会导致体形粗壮。但只要在运动的同时注意合理饮食,我们就可以使胸部、臀部和腰部变得紧实有致,拥有漂亮的S形身材。

不合理的饮食习惯,会导致浮肿、赘肉和橘皮组织的生成和堆积,而锻炼又促进了肌肉持续增长。这样一来,身体自然就会变得越来越粗壮。长此下去,便形成了"肌肉猛女型"的身材。

那么,怎样才能避免变成肌肉猛女呢?方法就是,一边进行肌肉运动,一边结合有氧运动和饮食控制。这样,肌肉量和肌肉密度增加的同时脂肪含量不断减少,身体曲线自然就会变得性感起来。合理饮食和有氧运动可以使臀部、腰部、大腿根部的赘肉消失无踪,认真完成肌肉锻炼则可以使脂肪层消失后的部位变得紧致有型。

深蹲会使腿部更粗壮吗?

这个问题的答案与上一个问题大体一致。不够纤细的脚踝会使腿部看上去格外粗壮,形成所谓的"大象腿"。这种现象主要有两个原因:一是遗传;二是不良的饮食习惯。

粗壮的腿部与橘皮组织很多时候是由节食减肥和不健康的饮食习惯造成的。一方面,节食必然会导致肌肉退化;另一方面,不健康的饮食习惯会导致脂肪摄入超标,使体内脂肪细胞不断增加，密度不断增大，从而使腿部越发粗壮。即便你没有漂亮的臀部曲线与紧致身材，只要避免节食和摄入各种不健康食品（尤其是刺激性食物，比如过量的碳水化合物、辛辣食品、甜食、咸食），便可以远离大粗腿。但在实际生活中，大部分人都是既不做肌肉运动，也对不健康食物来者不拒……两者并行的增肥效果简直"好"得可怕。

从严格意义上来说，减肥70%~80%的程度取决于饮食控制。

无论男女，如果在努力运动的同时没有管住自己的嘴，任由各种不健康食物进入自己的胃，那么，一方面体内脂肪层没有减少，另一方面肌肉层却越发厚重，自然就形成了五大三粗的身材。而在这种情况下，如果不及时控制饮食，就会在增肥的路上越走越远。

举个例子，如果你的实际腰围是71厘米，而以肌肉层为界限计算的话腰围仅仅是58厘米，那么剩下的13厘米就是脂肪层的厚度了。

在这种情况下，如果你坚持在肌肉锻炼的同时结合饮食控制和有氧运动，那么六个月之后，你的肌肉层厚度不变，脂肪层厚度则有可能减少10厘米。到那个时候，你不仅会拥有性感的纤腰，甚至有可能拥有漂亮的人鱼线。

❶ 肌肉运动的目的在于使肌肉线条更加漂亮性感。
❷ 在肌肉运动的同时不进行饮食控制，是绝对无法减肥的。
❸ 在减肥这件事上，运动所起的效果只有20%~30%，剩下的全靠饮食和作息。
❹ 正确理解肌肉层和脂肪层的概念很有必要。

随着年龄增加，减肥会变得越来越困难。如果不及时开始锻炼，那么夏天只靠白T恤和牛仔热裤就能展现美好身段的时光只会越来越少。就让我们从这个冬天开始，为来年夏天的美丽身材做准备吧！

要想瘦大腿，应该做什么运动？
我想瘦肚子！是不是只要拼命运动就可以想吃就吃？

对于大部分和我一样对运动知识一窍不通的人而言，最希望听到的话莫过于——"只要做××运动就能让××部位瘦下来！"但是，我老公却无情地给我泼了一盆冷水——"根本就不可能光靠××运动瘦下来，严格的饮食控制是必需的！"一开始，我对此很不理解。准确地说，是根本不想理解。要是只管运动不用管住嘴，该多好啊……

后来的一件事，让我深刻地领悟到了饮食控制的重要性。

在我坚持运动六个月之后，已经拥有了若隐若现的腹肌和腰线，连原本最为头疼的脚踝处，也开始显现出纤细的线条。于是我想，我大概再也不会变胖了吧？抱着自我奖励的心态，我敞开肚子吃了一整天，开开心心地吃下了久违的炸鸡和零食。到了星期一，我自信满满地站在体重秤上，以为自己的身体会和心情一样轻盈，却被称上的数字吓了一大跳。"我的天！光是脂肪就增加了1.5kg！"仅仅放纵了一天，体重就增加了1.5—2kg！就这样，我六个月辛苦练就的腹肌在一天之间就因为脂肪的重生而变得疲软无力，过多的钠元素摄入让我的腿部明显浮肿起来。一想到自己这么久以来的努力付诸东流，我既愤怒又绝望。但我又怎么能就此轻易放弃呢？自己种下的苦果，还是要自己去吃。看到这里你一定会说："油腻食品、淀粉食品和咸味食品都那么美味，真的必须、完全戒掉吗？"是的，没有办法，为了好身材，必须一忍再忍。请记住，不管你运动再努力，一旦没有做好饮食控制，所有努力都会白费，好身材只会离你远去（如果你才二十出头，这句话就当我没说。如果你已经超过三十了，那么这句话就一定要牢记在心）！

在我胡吃海喝的时候，老公并没有劝阻，而是淡定地看着我说："没关系，这是你的必经之路。"到后来我才明白，他是希望用这种方式让我更加深刻地领悟到严格的饮食控制是多么重要。

Q2 在腹部有赘肉的情况下，还能练出漂亮的人鱼线吗？

一句话，不可能！绝对不可能。如果是男人，倒是有可能在腹部有赘肉的情况下用力挤出虚假的腹肌来。但对于皮下脂肪较多的女性来说，这根本不可能做到。因为在大部分情况下，女性的肌肉都是长在皮下脂肪之下。当皮下脂肪覆盖着肌肉时，即便肌肉确实存在，也绝对不会显现出来。也就是说，你的人鱼线会被赘肉挡住。在不控制饮食的情况下，即便做再多仰卧起坐，也无法练出人鱼线。

那么，腹部赘肉产生的原因是什么呢？很简单，那就是"不运动＋以吃为解压方式和寻乐途径的生活态度"。吃对腹部赘肉的影响最为明显。当你吃的量超过了运动量，自然就会长出赘肉。一旦你吃的量小于运动量，赘肉

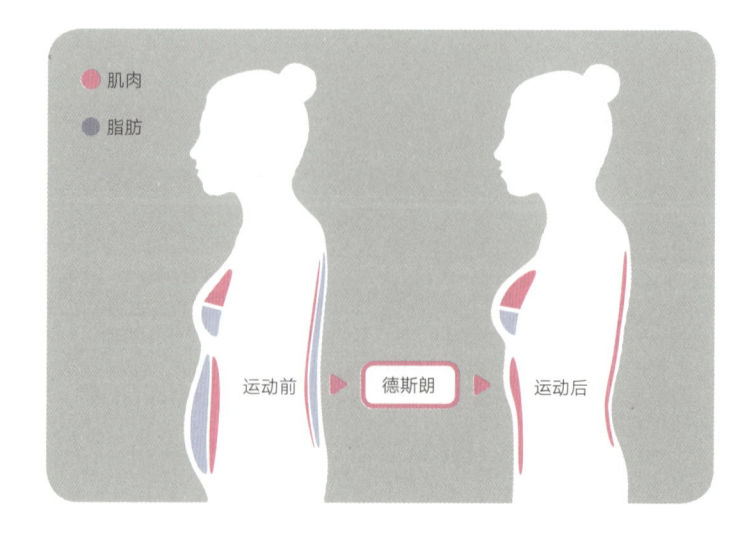

● 肌肉
● 脂肪

运动前　德斯朗　运动后

就会消失。如果你长期吃得比动得多，那些未能消化的脂肪就会大量堆积在腹部，久而久之，脂肪细胞不断增加，就变成了难以消除的顽固赘肉。

　　当你跟随本书开始运动之后，你的腹部将经过几个阶段的变化。首先，如果你坚持运动并控制饮食，在2~3个月之后就会发现自己的腰围减少了几厘米。但这个时候，腹肌并不会产生。"为什么我这么努力了，还是没有腹肌呢？"原因很简单，让我们以气球为例解释一下。当我们把一个吹得鼓鼓的气球松开时，原本绷得紧紧的气球表面会很快变得软塌无力。在运动之前，你的腹部就好比是吹得鼓鼓的气球，你花三个月的时间放走了气球里的气体（也就是脂肪）已经很不容易了，怎么能指望它迅速恢复紧绷的状态呢？所以，坦然接受现实，继续坚持运动就对了。不过，我们的身体比气球可厉害多了，它会很快觉察到脂肪已经减少的事实，将松下来的皮肤逐渐调整到紧实状态。看到这里，你一定会问了，从松弛到紧实需要多长时间呢？我只能说，因人而异。如果你的腹部赘肉较多，恐怕至少需要一年的时间。但好消息是，不管这个时间是长还是短，紧实的皮肤始终是会回来的。只要你坚持运动六个月以上，就一定可以看到成效！到时候，你会看到原本赘肉横生的腹部变得纤细，还有若隐若现的漂亮人鱼线。相信我，没错的！

为什么拼命健身
还是练不出腹肌来？

关于这个问题，我有很多话想说。在我健身的过程中，感觉最辛苦的部分莫过于练腹肌了。为了消灭肚子上的赘肉，我在每次完成健身之后还要额外做40分钟的有氧运动。过了一段时间，赘肉明显减少，收腹的时候也可以明显看到腹部肌肉紧实了许多。但只要一坐下来，肚子上的肉便显得无精打采、松松垮垮的。看到这景象，我别提有多郁闷了。

但在坚持运动六个月之后，我终于在镜子里看到了期待已久的腹肌。那一瞬间的喜悦，只有经历过的人才会懂。

有了腹肌，并不意味着运动结束。如果你看过我在健身六个月之后拍摄的视频，大概就会发现，在某些运动姿势中我的腹部依然是有少许赘肉的。如果你希望拥有完美腹肌，那么就要将"完成"这个词从字典里删除，把运动状态始终保持在"现在进行时"。直到今天，我的腹肌锻炼之路还在进行中。

你可以这样理解：腹肌就隐藏在我们腹部厚重的脂肪下面，即便我们拿走了脂肪，也需要一些时间来恢复表面皮肤的弹性。在这个过程中一定要耐心坚持，才能收获成功的喜悦。要记得，腹肌就在那里！哪怕短时间内没有成效，也不要轻言放弃！只要你坚持下去，就一定能看到自己的腹部越来越紧实，腹肌越来越漂亮。

Q3 要想减肥，是不是必须先做有氧运动？

不少女性会员都对我说过这样的话："一开始就做肌肉运动会不会太辛苦了？要不我先做一两个月的有氧运动吧？"有氧运动的确可以让你在一两个月的时间里体重减轻。和完全不运动相比，它也算是有一点效果。但既然已经花时间做运动了，为什么不选择更节省时间、更有效果的肌肉运动呢？过度的肌肉运动的确会导致体格粗壮，但适当的肌肉训练与有氧运动相结合，也就是所谓的"循环训练"，会比单纯的肌肉运动或有氧运动更省时高效。

那么，肌肉运动究竟可以让你节约多少时间呢？

让我们来做一个假设。如果你选择一开始做一两个月的有氧运动，再开始做肌肉运动，那么你大概需要六个月的时间才能达到比较理想的减肥成效。但如果你一开始就选择肌肉运动与有氧运动相结合的方式，那么要达成同样的效果你只需要三个月。当然，这是在坚持饮食控制的前提之下！

总而言之，如果你不是以提高心肺功能为主要目的，就不要选择单纯的有氧运动。因为靠有氧运动减下来的体重，一不小心就会反弹回去。有氧运动与肌肉运动相结合，并逐步增加运动量，才可以使减肥效果来得更快、更持久。请记住，单纯的有氧运动只会让你体重减轻，并不会让你拥有魔鬼身材。

骑自行车可以减肥吗？

有一段时间，我对健身产生了严重的倦怠情绪。于是，我想到了每天骑30分钟自行车来替代健身的办法——"反正骑自行车也算是运动啊！"由于我并没有放弃饮食控制，也并非完全不运动，所以体重并没有增加。但缺少了肌肉锻炼，身上的肉变得软塌塌的，臀部、腰部的肌肉更是明显萎缩了。这段经历，让我对肌肉运动的不可替代性有了深刻认识。如果现在的我由于时间紧迫只能选择有氧运动和肌肉运动中的一项，那我一定会选择做20分钟的有氧型肌肉运动（比如俯卧撑波比跳，详见第二章），并加强饮食控制。

Q4 是否可能在三个月之内减肥成功？

现在，想必你已经充分认识到了饮食控制和肌肉运动的重要性了。接下来，我们就该着手制订减肥计划了。从开始减肥到减肥成功究竟需要多长时间？这大概是广大减肥人士最为关心的问题了。女学员向我问得最多的问题也是——"夏天马上到了，我要怎么才能快速瘦下来呢？"速效减肥，可以说是大家共同的心愿。那么，三个月之内减肥成功真的可能吗？

在回答这个问题之前，让我们先来了解一下节食减肥的原理。我们可以把身体想象成一支便携式手电筒。刚换上新电池的手电筒，会发出十分明亮的光线，而随着时间流逝，光线的亮度逐渐减弱，直到最后电池耗尽，也就无法发光了。我们的身体里也有电池，那就是能量。当能量充足，我们就充满活力；当能量耗尽，我们便筋疲力尽。不过，我们的身体比手电筒可要先进多了，它懂得根据情况来调节"电量"，也就是能量的分配。当能量不足时，身体会产生名为"食欲"的本能反应，促使你去进食来补充能量。当你无视这种本能反应，继续保持饥饿时，身体就会为了维持正常运作而调动体内储备的能量，从而达到消耗过多能量的效果，继而达成了减肥的目的。

所以，短时间内减肥是可行的，而且很简单——只要饿肚子并保持身体活动量就够了。当你的食量减少而活动量不减时，你的体重就会下降，体形也会变瘦。这种变化，尤其体现在腹部和大腿上。这一切，都会让你产生自己已经减肥成功的错觉。但是，你再看看自己的皮肤呢？你会发现肚子和大腿上的皮肤就像泄气的皮球一样松软无力。这是为什么呢？因为在你瘦下来的过程中，首先损失掉的是肌肉。再加上迅速的消瘦使你的身体没有获得充足的适应期，从而呈现出无精打采的状态。总而言之，节食减肥虽然快速有效，却极容易反弹。一旦你恢复从前的食量，便会毫无悬念地恢复从前的体重和身材。

在韩国，人们把这种反弹现象称为"溜溜球效应"。

当你二十几岁的时候，你大概对溜溜球效应并没有什么深刻体会。当你步入三十岁，就会很容易感受到它是多么让人无奈。反复的减肥反弹会让你的身体变得一团糟，直到最后节食减肥这招终于失灵了，你才会发现自己已经失去了健康。所以说，减肥绝不能依赖于节食，必须靠合理的运动和饮食控制来完成。你应该先将运动与饮食控制变成一种习惯，再将它们纳为生活中的一部分，最后让它们与你终生相伴。

挺过最艰难的前三个星期！

减肥最艰难的时期是哪个阶段？这个问题的答案因人而异，对我而言，则是前三个星期。那个时候，刚开始运动的我体力不足，且对运动的艰辛缺乏心理准备，又抱着急功近利的心态，看到自己连续几个星期的辛苦毫无成效，可谓是既难过又窝火。于是，我还没等到坚持完第一个月，就开始暴饮暴食！

就这样，将近一个月的努力付诸东流，失败的痛苦让我信心全无。一想到未来残酷的饮食控制和艰辛的锻炼之路，我便心生畏惧。好不容易，我才说服自己开始了新一轮的减肥挑战。这一次，我将减肥计划制订得更加严格。

▶ 每周两次——家庭健身：德斯朗基本训练（详见第二章）+ 有氧运动45~50分钟

▶ 每周三次——德斯朗个人体能训练 + 有氧运动30分钟

我同时进行肌肉运动和有氧运动，并保持每周至少5次的运动频率。如此坚持一个月之后，我开始欣喜地发现身上的赘肉渐渐消失。接着，我看到了依稀可见的腹肌，并发现它们日益变得明显。又过了一段时间，我充分体会到了健身的乐趣，并对自己有了信心。"原来只要我付出行动，就一定会有收获！"有了这样的心态，我便开始将更多的热情投入健身之中。原本最讨厌的自行车运动，现在

也不觉得讨厌了，甚至还能一边听音乐一边骑车，体会流汗的美好滋味！又这样坚持了一段时间，虽然我的体重没有明显变化，体内脂肪却在不断减少，肌肉量在逐渐增加，身材的改变在镜子里清晰可见。虽然我偶尔还会有"就此放弃"的想法，但只要一听到朋友们对我减肥成效的称赞，又会重新燃起健身的热情……如此摇摆中又度过了三个月，我才终于变得坚定不移。如今，哪怕内心有任何动摇的想法，我都可以第一时间用意志力消灭它。

现在，我的身体和第一次有腹肌的时候相比，已经有了巨大的改变。虽然我并不算特别刻苦，但因为坚持了长达一年多的锻炼，肌肉已经在我的身体里扎根，身体线条也越来越漂亮。我再也不用担心好身材会轻易消失了！

三个月减肥真的可行吗？

据说，用化妆水拍脸必须累计拍到10000下，才会达到面部皮肤紧致且不易脱妆的效果。如果你只拍了一两千下，也许表面上皮肤变好了一些，效果却并不持久。运动也是同样的道理。三个月的刻苦训练与饮食控制，也许可以让你增肌减脂，但如果不继续坚持，恐怕很快就会反弹。在反弹这件事上，我可是深有体会的。所以，我可以很明确地告诉你，只有坚持运动一年以上，好身材才会变成真正属于你的东西。在健身的路上，我见过太多中途放弃的人。他们中大部分人是在三个月以内放弃的，而坚持一年以上才放弃的几乎没有。既然你已经选择了开始，就坚持下去吧！不知不觉间，你就会将运动变成一种习惯，并从中体会到无与伦比的乐趣。

成为"运动女神"的五大秘诀

1.将目标具体化

减肥的目标一定要具体。最好不要将体重秤上的数字设置为目标,因为数字变少并不代表身材变好。值得推荐的办法是,以穿上原本穿不了的紧身衣裤、连衣裙为目标,或者挑战人鱼线。总之,目标设定得越具体、越明确就越好。

2.改变饮食习惯

-将家里的零食、方便食品扔掉,换成健康食品和减肥食品。
-保证每顿饭都摄取足量的蔬菜。
--一开始就完全改变饮食习惯可能会引起不良反应。建议先按平时的习惯吃早饭和午饭,只将晚饭用沙拉来替代。

3.向亲戚朋友宣告你的减肥计划

一个人意志力再强大,如果缺少周围人的支持,也会感到行动力不足。你不妨将自己的减肥计划告知亲朋好友,并请求他们的监督与帮助。以我个人的经验来说,大部分人会毫不吝啬地给予鼓励而非泼冷水。而且,一旦别人知道了你在减肥,一起吃饭的时候就会比较容易考虑你的感受,避免点一些高热量食物。

4.固定时间运动,使运动成为一种习惯

我曾经办了张健身中心的年卡,却只用了不到一个月。而现在,我不需要任何人督促,也会自觉坚持运动。由此可见,习惯的养成是多么重要。坚持在固定的时间运动,可以让运动变成一种习惯。

5.给完成目标的自己一些奖励!

减肥成功时,我们很容易将奖励设置为吃自己想吃的东西,但这样做不仅会导致反弹,还会破坏好不容易培养起来的健康饮食习惯。因此,奖励最好不要是食物。你可以选择给自己买一套漂亮的运动装备。这样一方面会让自己心情愉悦,另一方面也能让自己更有运动的动力!

Q5 生理周期对减肥有什么影响？

做好运动之前的各项准备之后，我们就要开始制订详细的运动计划了。每周计划、每月计划、每季度计划……可是，每个月都有的那几天该怎么办呢？关于那几天，女性朋友们总是有各种各样的疑问：

"一到生理期，我就控制不了食欲，这可怎么办？"

"我觉得坐着都难受，更别提做运动了。"

"生理期对减肥有什么影响？"

事实上，生理期对减肥的影响之大，可能超乎你的想象。只要你充分掌握生理周期的规律并加以利用，就能达到事半功倍的减肥效果。让我们将女性的每月生理周期分为三部分，即生理期前、生理期中和生理期后。一般来说，在生理期到来之前7~10天，身体就已经有反应了，比如情绪波动、食欲增加等。这段时间是最容易长胖的，一不小心就会增重1.5千克~2千克。在生理变化的影响下，你可能会不由自主地格外想吃甜、咸、辣等各种刺激性食物，而实际上你的身体更需要补充大量水分。如果你不尊重身体的需求，坚持去吃那些重口味食物，就会导致体内废物增加，从而引起浮肿。

生理期前一系列的身体变化，都是由掌管生理期和排卵期的黄体荷尔蒙引起的。黄体荷尔蒙促进了体内脂肪细胞的活动，使身体更容易发胖。而黄体荷尔蒙分泌最为旺盛的阶段是排卵期。因此，女性在排卵期食欲最为旺盛。如果在这个阶段不控制饮食，必然会导致摄入过多的热量，这些热量将全部转化为体内脂肪。

相反，如果你在此期间控制饮食并坚持运动，将会达到非常好的减肥效果。即便你的体重没有显著减轻，你体内的脂肪细胞也早已在努力分解了。

有一部分人，在生理期临近时喝白开水也长胖。一般来说，这是体内水分增加而引起的短暂现象，与脂肪并无关联。不过，要是你在此期间努力运动避免体重增加，就可以在生理期之后体验到体重明显减少的喜悦。

一般来说，女性平均生理周期为28天，平均生理期为5天。这样算来，每个月可以正常健身的时间是23天。让我们对整个生理周期里身体的变化情况再做一次梳理：

生理期前10天

受荷尔蒙分泌增加的影响，体重增加、身体出现浮肿现象。在此期间，应避免刺激性食物，进行有一定强度的锻炼或者保持充足的活动量。

生理期5~7天

生理期到来后，身体不适感也随之而来。但一般来说，不适的程度并不会那么严重，与其完全放弃运动，不如在除开痛经和量大的日子之外，坚持伸展运动或其他比较舒缓的运动。

生理期后10天

雌激素分泌活跃，正是减肥的大好时机。不妨增加运动强度，并做好饮食控制，争取在这个减肥黄金期收获理想的效果。

生理期根本不想动，
还怎么坚持运动？

对于减肥女性来说，生理期的到来是一件挺让人头疼的事。但事实上，生理期对减肥有意想不到的积极作用。只要我们充分掌握了自己的生理周期规律，就能更快速地打造出好身材。在我对自己的生理周期一无所知的时候，我每个月总有那么几天特别想吃东西，结果自然是长胖了好几斤。我将这种现象的原因归结为"压力过大"，却不知道它的背后是生理周期在作祟。现在，我充分了解了自己的生理周期规律，再也不会任由它驱使我去胡吃海喝了。

在刚开始健身的时候，每到生理期我都会给自己放大假。"趁这几天好好休息吧。"可奇怪的是，连续四五天的休息并没有让我恢复活力，反而更加疲惫，仿佛身体沉重了许多。在健身一段时间之后，我的体力有所增强，我便开始只在量大的第一天、第二天暂停运动，并避开一些可能导致身体负担的高抬腿运动。这样做的结果是，我感到身体反而轻松了许多。虽然每个人的情况不同，但大体上来说，只要你充分掌握了自己的生理周期规律，并坚持适当运动，就有更大的可能取得理想的减肥成效。

那么，如何应对每个月食欲旺盛的那几天呢？

对于这个问题，我也没想出什么好的解决办法。我的办法很简单，就是忍。一忍再忍、忍无可忍的时候，我就去买一袋最爱吃的水果糖，省着吃好几天。虽然这样做的后果必然是体重增加，但因为是自己做出的选择，便也不会觉得那么难受了。你当然不用学我去买水果糖，你大可以尝试任何你觉得可行的办法。总有一天，你会找到最适合你的食欲控制法。

Q6 运动可以让胸部变大吗?

到现在为止,我们已经对于健身有了一些基本的认识。下面,我们将进入身体局部健身的学习。

"怎样运动才能让胸部变大?"——这也算是广大健身女性最为关心的问题之一了。

胸部的一半以上都是由脂肪构成的。如果你希望拥有浑然天成的大胸,那么唯一的办法就是做隆胸手术。但如果你只是希望在穿比基尼、V领、U领T恤的时候展露出漂亮的乳沟,那么运动便可以帮到你。事实上,男性和女性的肌肉构造是大致相同的。男性可以通过俯卧撑之类的运动来强化从肩部到胸口部位的肌肉,增加胸部的丰满程度,从而打造健硕的胸肌。同理,女性也可以通过这类运动使胸部肌肉的线条更加丰满,从而在穿衣状态下呈现出胸部丰满的视觉效果。如果你想通过运动丰胸,就跟随本书勤练俯卧撑运动吧。

为什么减肥总是先瘦胸？

我的胸部刚好可以塞满A罩杯，虽然听起来似乎有点小，但借着胸部周围的赘肉撑场，穿上衣服倒也看上去有点料。因此，在刚开始健身的时候我并不担心减肥会瘦胸的问题。但随着饮食控制和健身的并行，越来越小的胸部让我不得不着急了。当我向老公求助时，他的回答很简单——"做俯卧撑！"天啊，让我这个体力比七岁男孩还差的人做俯卧撑？！别看我在第二章里的俯卧撑示范那么轻松，刚开始做的时候，我真是累得直掉眼泪。就这样，我一边哭一边做，从最开始的10个，到20个，再到更多……不知不觉间，我发现腋下的赘肉不见了，胸部的弹性增强了，胸形变漂亮了。当然了，俯卧撑并不能让你从A罩杯变成C罩杯，但它绝对可以让你告别烦人的副乳，拥有充满弹性和美好曲线的胸部。由于运动而来的大胸主要是由肌肉构成的，所以即使你不刻意挤弄，也可以呈现出性感的乳沟来。如果你饱受平胸困扰，就赶快开始做俯卧撑吧！

Q7 怎样消灭橘皮组织？

不好意思，我又要开始泼冷水了。要想靠运动消灭橘皮组织和赘肉，非常困难。那么，为什么我们的腿部、臀部根部会产生橘皮组织呢？

说到底，还是吃的问题。如果你长期吃过多的食物又不运动，产生橘皮组织简直是再正常不过。往细了说，适当的水分可以在血液中顺利循环，而摄入过量的碳水化合物和刺激性食物会导致过多的水分在血液中淤积，从而形成了浮肿。久而久之，便有了橘皮组织。当然了，遗传也是浮肿和橘皮组织产生的一大原因。正因如此，我们更要努力克服。要想消灭橘皮组织，没有什么特殊办法，只有靠健康饮食和坚持运动。只有这样，才能让血液循环通畅，使浮肿现象和橘皮组织逐渐消失。相信吧，只要你努力去做了，一定可以拥有光滑紧致的美腿！

"我再也不想穿塑形裤了！"
消灭橘皮组织，秀出性感曲线

以前我每次穿紧身牛仔裤的时候，都必须为了隐藏赘肉而在里面再穿一条塑形裤。为了掩盖粗粗的脚踝，我在穿衣服的时候也是费尽心思。凡是露脚踝的裙子和裤子，我几乎都不敢穿。后来，我是怎么改变这一切的呢？还是靠饮食控制。我吃东西几乎不放盐，并经常吃有助于钠排泄的食物，刺激性食物则尽量避免。另外，我一有空就做腿部和脚腕的伸展运动。虽然现在我的腿部线条也不算完美，但至少再也不用靠塑形裤来遮掩了。我的大腿内侧变得光滑紧实，赘肉几乎不见踪影，取而代之的是充满弹性的线条。现在，任何露脚踝的下装我都可以轻松驾驭了。那么，假设我立刻停止运动和饮食控制，会怎样呢？很简单，当然是一朝回到从前。所以，我老公总是将运动和身材管理比作吹气球，吹起来的过程很慢，一旦松懈下来恢复原状的速度却是飞快……而我之所以那么坚持地进行运动和饮食控制，有一个很重要的原因——我真的太害怕回到从前了。那些在烈日炎炎下为了隐藏赘肉而穿塑形裤的日子，真是不堪回首啊……

浮肿的大腿常常与血液循环不畅通有关。长期摄入过辣、过咸、过甜的食物，再加上缺乏运动，自然就造成了这种现象。因此，要想改善浮肿，就必须减少摄入刺激性食物并增强运动。另外，伸展运动和按摩可以缓解运动之后的肌肉疼痛，对改善浮肿也有一定的效果。如今，我对自己腿部线条已经基本满意了。"做了真的会有效果吗？"——不要再把时间浪费在诸如此类的疑问上了，赶快开始行动吧！作为过来人，我可以拍着胸脯向你保证——坚持做下去，就一定有效果！

预防腿部浮肿的秘诀

1. 仰卧状态下将双腿抬高90度，努力让脚掌朝向天花板，并使脚尖保持直立向上的状态，保持这个状态几分钟并反复练习。
2. 睡觉时尽量在脚部下方放一个大枕头，使脚保持抬起的状态。
3. 经常对小腿和脚踝部位进行按摩。

Q8 怎样才能拥有翘臀？

　　让我们先来了解一下臀部下方脂肪和橘皮组织产生的原因，再来解答如何练就翘臀这个问题。我们来看看臀部从扁平到紧翘究竟是怎样一个过程。在下面这张图片中，左侧是运动前的身体。这个身体由于长期缺乏锻炼，臀部肌肉退化得厉害，而位于臀部下方的脂肪却大量囤积。在这种情况下，我们可以通过一些刺激腿部和臀部的运动，让肌肉重新恢复活力，再通过饮食控制和燃烧脂肪的运动使赘肉消失。如此一来，我们就得到了如图右侧的身体曲线。可以看到，现在臀部的肌肉紧贴腰部，而底部的脂肪消失不见。更神奇的是，由于这种曲线的变化，从视觉效果上来看腿部的长度足足增加了5cm！只要坚持运动和饮食控制，你也能体验到这种神奇的变化！

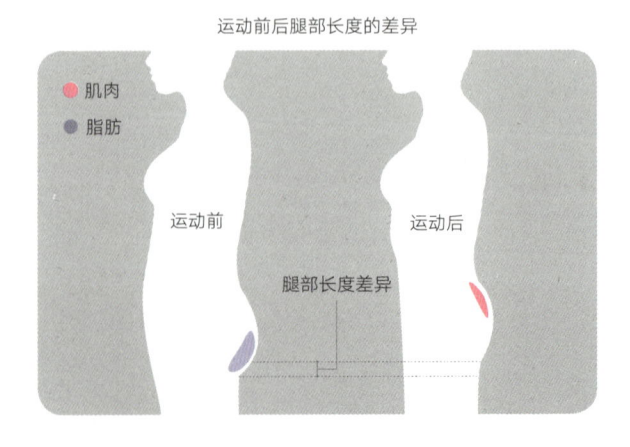

运动前后腿部长度的差异

- 肌肉
- 脂肪

运动前　　运动后

腿部长度差异

024　徒手健身：女生版

运动真的可以让扁屁股变成翘屁股吗？

记得有一次，我和老公一起去看电影，电影中的女主角穿了一件超级紧身的连衣裙，将曼妙的臀部曲线展露无遗。眼看身旁的老公盯着大屏幕目不转睛，我心里虽然颇有些不痛快，却也不得不承认这臀部的确充满诱惑力。看完电影，我嘴里嘀咕着"外国人嘛，天生屁股就比较翘啰……"老公听完这话，却并不同意。他告诉我，只要运动起来，我也可以拥有那样美妙的臀部。

"如果说运动可以让大屁股变小我倒是相信，但原本就扁平的屁股，怎么可能通过运动变翘呢？"我对老公的说法嗤之以鼻。老公并没有生气，而是很有耐心地拿出纸笔连写带画地给我讲解起来。可惜，当时的我还是理解不了。真是没想到，如今我居然成了那个不厌其烦向别人拿出纸笔来讲解的人。我总是告诉每个前来讨教减肥经验的朋友，只要长时间坚持饮食控制和运动，就能在不知不觉间消灭橘皮组织和赘肉，拥有理想的身材曲线。只可惜，我说得再多，都不能替代别人的亲身实践。太多的人都是在听完之后，便把我的话抛在脑后。所以，后来但凡有想减肥的朋友向我咨询，我都会先向他们强调实践的重要性。"我做到了，你也可以！只有做了，才能真的改变！你就咬牙坚持一年试试吧！"

现在，已经有很多朋友在我的影响下充满热情地投入运动减肥之中。我希望自己可以在这条路上再走得远一些，以便给更多人带来信心和鼓励。不要再在烦恼纠结中浪费时间了，赶快开始运动吧！你只要体验过一次运动的美好，就会再也停不下来！

Q9 为什么体检没有异常，却总是觉得腰部和膝盖疼痛？

为什么我明明没有干重活儿，也没有腰椎间盘突出症，却经常感到腰部和膝盖疼痛呢？

这个问题的答案很简单，就两个字——"退化"。退化的原因有二，一是肌肉的减少，二是脂肪的增加。举个例子，假设一个人在发育期结束的时候体重为50kg，其中肌肉的重量为23kg。但随着年龄增长，肌肉量不断减少，脂肪却以两倍的速度增加。五年之后，他的体重增加为53kg。这个数字听上去似乎还好，实际上却并不那么理想。因为在这53kg的体重里，肌肉量只有20kg，和五年前相比足足减少了3kg。与此同时，脂肪量却增加了6kg。也就是说，这个人原本靠23kg的肌肉来支撑剩余27kg的体重，现在却得靠20kg的肌肉来支撑33kg的体重。简单来说，就相当于他现在每天得多背一个6kg的书包！你可以试试每天背一个6kg的书包生活。你完全可以料想，膝盖和腰部所承受的压力是多么沉重，所以疼痛也就在所难免了。所以，不明原因的腰部和膝盖疼痛，只能通过增肌减脂运动来缓解。

腰疼的老毛病，
竟然可以靠运动治愈！

我一直属于那种"站没站相，坐没坐相"的人，所以经常感到腰酸背痛。每次久卧、久坐之后起身，我都得小心翼翼地挺直腰板，一点一点地站起来，不然就会疼得不得了。对此，我老公是这么解释的：

"你体重并没有超标，所以腰痛不会是肥胖引起的，很有可能是因为长期缺乏运动导致的肌肉退化。"

开始运动之后，我本以为腰疼会很快消失，结果却并非如此。"明明我做的是腹肌运动，为什么会腰疼呢？""是我的运动姿势不对吗？""我真的有按正确的方式来运动吗？"诸如此类的疑问充斥着我的脑海。现在想来，一个三十年都不曾锻炼过肌肉的女人，突然运动起来会感觉疼痛，简直是再正常不过了。

总的来说，开始运动之后，我除了感觉到肌肉痛之外，几乎再也没有被什么别的疼痛所困扰了。渐渐地，我的腰不疼了，膝盖不酸了。身材也渐渐进化为好看的S形，原本毫无弹性可言的膝盖部位也变得结实有力了许多。以前每次我喊腰痛的时候，老公都会在一旁念叨"多运动、多运动！"现在看来，果然运动才是王道啊！

Q10 食疗减肥为什么失败率高？

现在，我们已经掌握了很多运动的基本原理，可以开始好好谈谈饮食控制了。韩式减肥法、丹麦减肥法、饮料减肥法……食疗减肥的办法，可以说是数不胜数。想必你也尝试过其中的一两种吧？

在众多的食疗减肥法中，单食减肥法可以说是最广为人知的了。所谓单食减肥，就是通过只吃一种食物来促使肌肉和脂肪萎缩，从而达到减肥的效果。这种方法虽然见效快，却有两个显而易见的弊端。首先，它会导致身体失去弹性、变得松弛。其次，一旦你恢复正常饮食，反弹的概率可以说是200%。这是因为身体在之前的减肥阶段严重缺乏营养，一旦重新获得营养物质，便会疯狂吸收。

韩式减肥也同样不可取。它的原理是采用麻黄之类的药材使心脏始终保持在快速跳动的状态，从而加速新陈代谢，促进热量消耗。这种方法明显违背了人体的自然规律，危害可想而知。另外，还有一些减肥药物以抑制食欲为目的，对健康百害而无一利，甚至可能造成严重的内分泌紊乱。采用这些极端的方式减肥，虽然效果可能立竿见影，其危害却可能伴随你一生。

那么，究竟怎么吃才能减肥呢？

在开始运动之后，你至少要在一年的时间里去尝试吃各种各样的食物，以便最终确认什么样的饮食最适合自己。每当你吃下一种食物，都要注意观察它给身体带来了什么样的变化，这样时间长了，你就会明白哪些食物会帮助你减肥，哪些食物会是你减肥路上的阻碍。

每个人的体质、肌肉量和脂肪量都不同，所以即便是两个体重相当的人，也不能按照同一份食谱来进行饮食控制。比如，我们现在设计一个热量为1300卡路里的食谱。其中包括了鸡胸肉一份、蔬菜若干和红薯一个。而事实上，每块鸡胸肉的重量不同，即便重量相同，其蛋白质含量也有所差异。蔬菜、红薯也是同样的道理。

所以，所谓的万能减肥食谱实际上并不存在。你只要谨记几个大原则就好了：一是不喝酒；二是少吃碳水化合物和刺激性食物；三是杜绝消夜和垃圾食品！在做到这几条的基础上，渐渐去了解自己的体质特点，并坚持运动，就能在一年之后掌握自己的身体规律，建立属于自己的饮食体系。如果你做不到，只能说明你的意志力不够坚定，你的理智输给了你的欲望！

节食减肥和韩方减肥都不可取，
那究竟怎么吃才能减肥？

为了减肥，我几乎尝试过坊间流传的所有减肥方法。从单食减肥到FATDOWN减肥药，再到丹麦减肥法、韩式减肥法……甚至连吸脂都没有放过！

上述减肥方法，并不能说全都没有效果。毕竟也有一些人，是真的靠它们瘦了下来。但从我个人的经验及对周围人的观察来看，这些方法或许有一定的成效，但几乎都难以维持超过两个月的时间。"快速消失的赘肉又快速地回来，而花出去的时间和金钱却再也回不来了！"每当听到我这样抱怨，老公总是不厌其烦地说："电视上那些号称想吃就吃、轻松减肥的广告，全都是骗人的！要想瘦下来，永远都不可能想吃什么就吃什么！更不可能不运动！"这样的话真是让人沮丧，却是大大的实话。最终，我还是乖乖走上了运动＋饮食控制的正途，甚至还成了本书的模特，参与了减肥教程的编写。

那么，究竟要怎么吃才能减肥呢？是要按"每天只摄入500卡路里"的明星减肥食谱来吃吗？当然不行了，这种方法几乎无法实行，即便勉强实行了也会导致体力不足而无法运动，从而不可避免地走上反弹之路。那么，什么样的食谱才是真正可行的呢？答案很简单，正常吃饭就好了，只不过要少吃一点咸，少吃一点糖，少吃一点辣，用水果、蔬菜和坚果取代零食！如果你在控制饮食的时候总是想着"我是为了减肥"，恐怕很容易因为心理压力太大而无法坚持。因此，你不妨告诉自己，我是在吃低盐、低糖、低卡路里的健康美食！这样一来，你可选择的食物就会多一些，心态也会快乐一些！如果再加上运动，相信你离变瘦已经不远了！

Q11 饮食控制，就是要每餐控制卡路里吗？

"按照基础代谢量来吃，究竟应该怎么吃？"——这个问题也是我经常被问到的。

怎样按照基础代谢量来进食：

先测出你的基础代谢量以及身体内的脂肪和肌肉含量，再查找你所希望达到的体重数值所对应的基础代谢量是多少。按照这个量去摄入蛋白质、碳水化合物、维生素等身体所必需的营养物质，并避免刺激性食物。

看到这一堆文字，想必你已经开始头疼了吧？再加上身为忙碌的上班族，想准点吃饭都成问题，更别提每顿饭都仔细计算卡路里了。饮食控制到底是为了什么？不是为了维持长期的减肥效果吗？但如果真的每餐都严格计算卡路里来吃，恐怕不要说坚持一个月了，一个星期都困难。每块鸡胸肉有多少蛋白质、每个土豆又有多少卡路里……能这样"斤斤计较"的人，该是有多么充裕的时间精力和意志力啊！

当然了，100个人里面总能找出几个这么厉害的人来。但大部分人的情况大概是这样的：先是制定一份严格的减肥食谱，再按照食谱坚持了一两天，随后便不了了之。于是一年中总有那么几次心血来潮地嚷着要减肥，结果却总是以失败告终。

因此，饮食控制最重要的还是量力而行。你应该根据你现在的食量和饮食习惯，制定具有可行性的方案。你可能会问了，不去管摄入多少卡路里，真的能减肥成功吗？答案是，能！当然能。让我们在下一个问题中来详细谈谈怎么吃。

选购食物时，
成分表比卡路里更值得关注！

自从运动和控制饮食之后，我有了一个习惯。那就是每次选购食物的时候都会先看成分表而不是卡路里！你所摄入的食物由什么成分组成，决定了它是否能帮助你成功减肥。如果你吃的食物过咸、过甜或者过辣，即便它卡路里并不高，也会成为你减肥路上的阻碍。看到这里可能你会不太相信了——"再怎么说，不都应该是卡路里最重要吗？"事实上并非如此。

举个例子，一个385g的苹果和一个37g的炸土豆饼热量均为200卡路里，但两者之间的分量与成分差距却非常之大，对身体的影响也是截然不同的。37g的炸土豆饼，完全无法带来饱腹感，会让你忍不住一吃再吃。而385g的苹果不仅能让你填饱肚子，还能带来丰富的营养，帮助你更快减肥。这样一比较，想必你自然而然就失去了吃炸土豆饼的欲望。

在同样的热量之下，一个是越吃越想吃的炸土豆饼，另一个是吃一个就管饱的苹果。如果是我的话，绝对会毫不犹豫地选择后者。

在这里，我还要强调一点，那就是千万不要节食减肥。已经有太多例子告诉我们，节食减肥100%会引起反弹。所以，即便是在减肥，也要每一顿饭都好好吃。

Q12 减肥食谱，到底该吃什么好？

那么，运动的同时究竟应该吃些什么东西呢？

周围许多刚开始运动的人，都会请求我帮他们制定减肥食谱。一般来说，我会根据他们各自的身体状况给出一些建议，但绝对不会真的开出一份减肥食谱来。因为这个世界上根本就不存在适用于所有人的减肥食谱。每个人的肌肉量、骨密度、体重、体力都大不相同，所需要的饮食自然也完全不同。

在前面我已经说过，要想知道该吃什么，最好的办法就是不要与别人比较，亲自去实验各种各样的食物。运动与减肥，永远只能是一场自己与自己的较量。那么，究竟应该怎么吃呢？这个问题的答案其实你早就知道了，那就是少吃碳水化合物、少吃消夜、少吃各种刺激性食物。事实上，这些道理谁又不懂呢？只不过是知易行难罢了。如果你也是这样，那就要从现在开始做出改变了。试着想一想，什么样的饮食才是既符合你的生活习惯，又具有减肥效果的呢？不要以工作忙为借口，再忙也是可以好好控制饮食的。比如，我的学员里有一位女生是大企业的员工，每天早上6点上班，晚上12点才下班。她唯一的运动时间，就是睡觉之前的20分钟以及每周一次的健身课。即便如此，她还是练出了漂亮的人鱼线，原因就在于严格的饮食控制。所以说，一切皆有可能，就看你对自己够不够狠。丰富多彩的夜生活、丰盛的食物与美酒……这些充满诱惑力的东西谁不想拥有呢？然而它们必然是无法与好身材共存的。

接下来，我们要谈谈怎样制订具有可操作性的饮食控制计划。首先，请果断放弃那种希望在短时间内达到目标的想法。几年甚至几十年积累下来的赘肉，怎么可能光凭几个月的努力就消失不见呢？模特身材岂能来得如此轻巧？

所以，请首先做好坚持1~2年的心理准备。接下来，就可以开始了。先不要去管基础代谢量、肌肉量这些东西，只试着在平日食量的基础上稍微减少一些。千万不要一下子把食量降下来，一定要循序渐进地慢慢来。等坚持一段时间之后，即便你把食量减少到之前的一半，也不会有很大的不适感，因为你的胃已经缩小了。晚餐应避免碳水化合物，以蔬菜和蛋白质为主。如果你已经做到了，就可以尝试在睡觉之前5个小时禁食……当然，如果感到身体吃不消的话，也可以适当把这个时间缩短一些。总之，一步一步、脚踏实地地减肥，才能坚持得更久一些。当你感到控制晚餐很困难时，不妨告诉自己——"我是在吃药，不是在吃饭"。

那么，我们真的必须从此和所有不健康的食物说再见了吗？那倒也未必。我老婆最喜欢吃炸鸡。如果想吃就吃的话，她大概会一个星期吃三次以上。但自从健身之后，炸鸡对她而言就成了一种奖励食物。如果她这个星期运动做得好，就连周围人都可以轻易看出变化来，那她就会在休息日奖励自己吃一点。只不过，那一天就不能再吃别的垃圾食品了，只能以蔬菜、高蛋白来填饱肚子。我现在说的这些，你可能会觉得难以理解。没关系，先试着改变晚餐食谱吧。当你从镜子里看到自己的漂亮腹肌时，就自然会明白饮食控制的意义何在了。

减肥食谱，
没必要那么复杂！

我通过运动和饮食控制成功减肥之后，很多朋友都来向我讨教经验。而我最常被问到的问题就是"减肥到底应该怎么吃？"一开始，我会认真地找资料，并参考一些现成的减肥食谱，帮他们制订饮食计划。但当我了解到饮食控制的真正意义之后，就不再这么做了。现在，我只会将理论知识以最简单易懂的方式讲解出来，让他们自己去制订属于自己的饮食计划。

下面就是我总结出来的饮食控制知识。当然了，我所说的并不一定100%正确。你只需在减肥的时候以它们为参考，来寻找最适合自己的办法。

1. 一日三餐都要好好吃。
2. 不吃白米饭、白面。
3. 少喝肉汤。如果实在想吃，就只吃里面的肉。
4. 不吃方便食品和垃圾食品。
5. 以坚果、水果和蔬菜替代甜点、冰激凌、巧克力等零食。
6. 绝不喝酒。
7. 注意营养均衡，多吃优质蛋白质、谷物碳水化合物及对身体有益的脂肪。
8. 每天喝水2L以上。
9. 多吃蔬菜水果。
10. 绝不暴饮暴食！

我曾经在自己的社交网站上发布这10条，下面的留言全都是"这怎么可能做到""还让不让人活"之类的话。事实上，真正做起来并没有想象中那么困难。

你只要少吃一些不健康食品，放调味料时以五岁小孩都能吃的程度去放就可以了。另外，尽量减少碳水化合物的摄入，制定以蛋白质为主的食谱。还要多多摄取膳食纤维，它们既能带来饱腹感，又是低卡路里食物！千万记得，每一顿饭都要好好吃，哪怕少吃一点，也不能不吃。

你不妨将自己每天的饮食记录下来，并时常检查自己的身体变化（比如每周在同一个位置以同一个造型拍照）。等时间长了，你自然就会知道哪些食物对你减肥有帮助，哪些食物又是阻碍了。当你吃下去之后感觉身体变得轻盈纤瘦，那么这些食物就是最适合你的减肥食物。请记住，你只有亲自去实验才能获得属于自己的正确答案。就我个人的情况而言，方便食品、外卖是绝对不能碰的增肥食物。所以，我现在几乎都在家做饭吃了。原本对厨房毫无兴趣的我，现在可是料理达人呢。

申英珠的clean-eating每日减肥食谱

早餐	起床之后先喝500ml水 一杯燕麦、1/4杯蓝莓、100g酸奶、一份炒鸡蛋和一个苹果。
午餐	香蕉燕麦粥＋原味酸奶＋坚果 拳头大小的一份米饭＋充足的蔬菜肉类一起做成的炒饭（如果是点外卖，就避免过甜、过咸、过辣的食物，吃小于一人份的分量）
晚餐	鸡胸肉沙拉或牛肉沙拉＋烤大蒜（不放调味料）

在三餐之间如果感到饥饿，就吃一根小香蕉、一个红薯或者一个水煮鸡蛋。只吃坚果、胡萝卜之类的健康零食，绝不吃冰激凌。

晚餐只吃沙拉。每个月吃一两次炸鸡，且只能选在早上吃。如果那一天吃了炸鸡，就不再吃别的垃圾食品了。

以上就是我的饮食控制法。它不一定完全正确，但绝对是最适合我的。如果你已经开始控制饮食，就记得一定要坚持六个月以上。说实话，我也时不时会偷吃一些零食。要戒掉吃零食的习惯，哪有那么容易？但只要看看镜子里漂亮的腹肌，我就会告诉自己"一定要忍住"。这很难，但值得去做。当你的内心充满成就感与自信时，你就有了更多力量去坚持、去变成更好的自己。

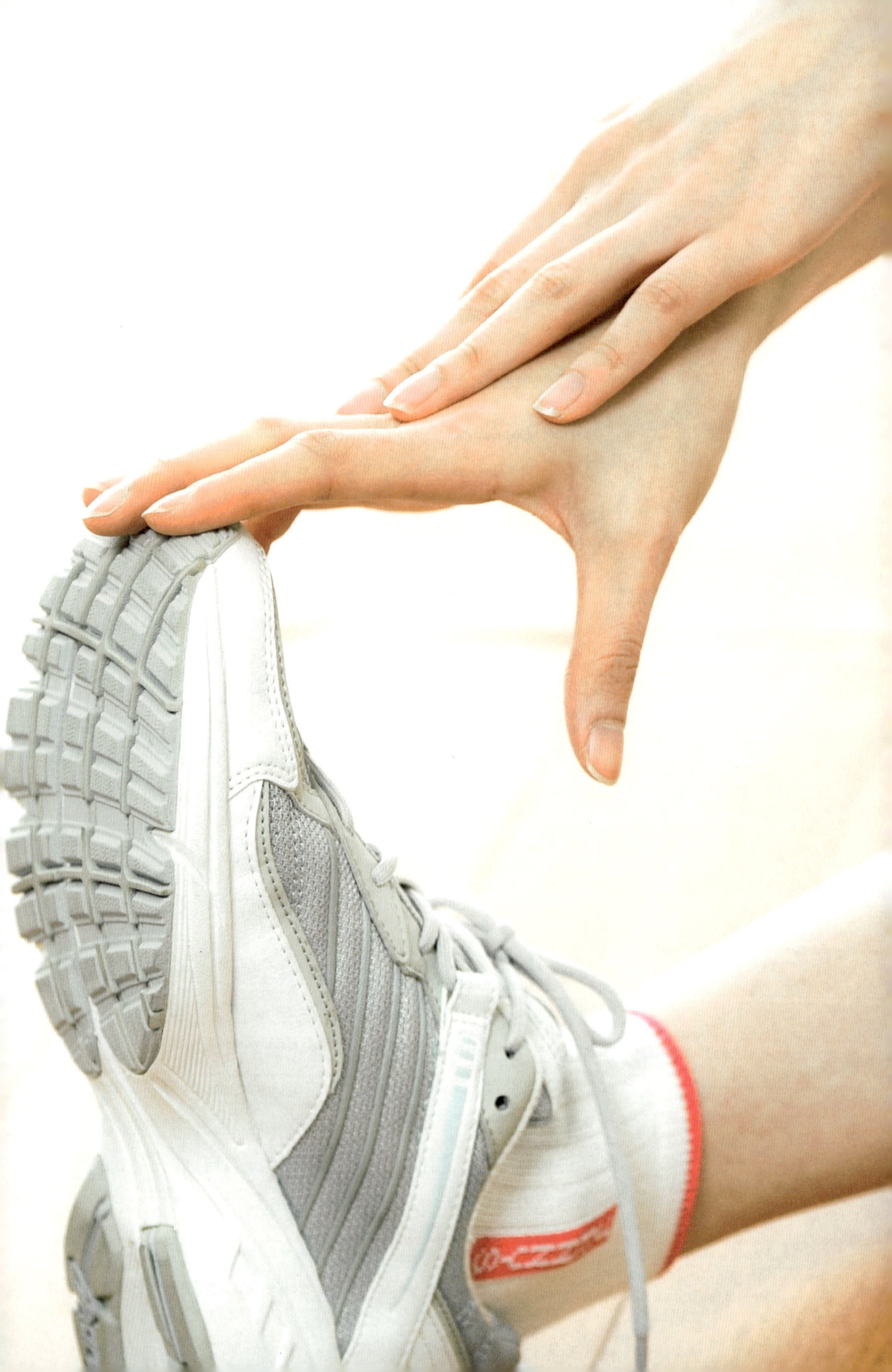

第2部分

女性健身教程

开始德斯朗运动之前

在正式开始运动之前，我还要先讲讲女性运动的一些基本知识。

在之前我们已经提到过，健身无所谓是先做有氧还是先做无氧，最重要的是控制饮食。在做好饮食控制的前提下，只要每天坚持运动，不断进步，就可以达到理想的成效。如果你实在要让我在有氧和无氧之间分出个优劣来，那我只能说以无氧肌肉锻炼为主的运动效果会更好一些。

每个月单数的日子练上肢肌肉（分成两节课），双数的日子练胸部、背部、肩部、下肢和腹部肌肉（分成五节课）——这样的健身方法适用于专业健身运动员或已经有长期健身经验的人。如果你运动的目的仅仅在于更健康、更性感，那么就没有必要严格地区分部位来练，也不必专门补充蛋白质，更不需要拼死拼活地练器械。你需要做的就是每天坚持做全身运动并控制饮食。如果你按照本书中的基础体力培养法，即"STEP 1"进行为期3个月的训练，你的肌肉力量就能达到基本合格的水平。随后，你就可以按照"STEP 2局部塑身课程"进行练习。你应该根据自己的具体情况选择相应的局部塑身课程，每天尽可能做到6~7组运动（比如40个宽距 俯卧撑＋30个背部伸展＋50个迷你深蹲＋20个仰卧起坐＋ 20个单腿硬举＋30个阿诺德哑铃推举＋30个波比），再以一组伸展运动作为结束。如果你觉得太多，也可以先适当减少一些，再逐步增加。

那么，本书所教授的运动足够你做一辈子了吗？答案是肯定的。如果你不是立志成为健美小姐，那么光靠这些运动就足够拥有我妻子那样的好身材了，当然，前提是你必须长期控制饮食。当你真的感到本书所讲的内容已不能满足你的运动需求时，那么，我就该恭喜你了，因为你已经上升到了一个全新的境界。

本章所教授的动作，都是我妻子过去长期坚持并会一直做下去的经典动作。所以，只要你做了，也可以获得像她一样的好身材。你是否希望在明年夏天自信满满地穿上热裤，展现年轻美好的身段呢？那么，就拿出一年的时间来好好运动吧。我保证，只要你坚持下去，在未来的每一个夏天你都可以充满自信地展现好身材。

开始德斯朗运动之前——热身与伸展

在运动之前，一定要先做热身运动。什么是热身运动？就是让你的体温有所升高并让全身肌肉得到一定放松的运动。张开双臂跳跃这样的简单动作，就比较符合热身运动的要求。如果热身运动的强度超过了正式运动，就不可取了。如果是在夏天，热身运动应做到稍微有些流汗的程度。如果是在冬天，则不必要等到出汗，只要身体感到热起来就足够了。热身运动结束之后，还要做几个伸展运动。

运动前和运动后都应该做伸展运动。在运动之前做伸展运动，可以让全身肌肉得到伸展，预防突然剧烈运动可能造成的伤害。运动后也应以伸展运动作为结束，以便让身体重新放松下来，回到一开始的状态。伸展运动做得越好，身体就恢复得越快。在伸展时，应该在不感到疼痛和不适的前提下，尽可能地增加动作幅度。

很多人都说："我的柔韧性很差啊，怎么做伸展运动呢？"事实上，除天生柔韧性好的少部分人外，大部分人的初始柔韧性都不怎么样。但只要经过努力，柔韧性是可以得到改善的。

那么，怎样才能提高柔韧性呢？有的人可能以为，只要多压压腿就行了。

可其实并没有那么简单。你必须通过肌肉锻炼扩展身体的动作幅度，使肌肉力量达到足以承受关节剧烈活动的程度，才能真正使柔韧性得到增强。

总之一句话，增强柔韧性不能光靠伸展运动，还需要加强锻炼才能达到理想的效果。

1 手腕

2 肩部 1

3 肩部 2

4 脖子

第2部分 女性健身教程

5 背部（为主）和腰

6 侧腰

7 胸部和肩部

8 背部

第2部分 女性健身教程

9 腿部前侧

10 盆骨和侧腰

11 腿部后侧

12 腿部侧面

第2部分 女性健身教程　047

⑬ 腿部

⑭ 腿部外侧

15 核心部位

16 腹部

第2部分 女性健身教程

运动时的呼吸方法

在运动时,呼吸发挥着两种作用。首先,我们可以通过吸气获得氧气,促进身体的快速恢复。其次,我们可以通过呼气加强力量。

一般来说,呼气的时机最好是在用力做动作的时候。比如做推举运动时就应该在推举时呼气,做拉伸运动时就应该在拉伸时呼气。但有的人可能会说了:"我就是采用相反的呼吸方式才觉得舒服,这可怎么办呢?"那么,你就按自己舒服的方式来做,也没关系。

另外,如果你做的是比较复杂的动作或有一定强度的有氧运动,难免会顾不上控制呼吸。这也是没有办法的事,不必为此过分担心。

> 很多人都说,呼吸方法会影响运动效果。但对我而言,在运动时过度关注呼吸反而会导致注意力分散,继而无法好好完成动作。
> 所以,我认为应该先熟悉动作,等动作做好了,呼吸自然也就顺畅了。但在做一些重复性有氧运动(比如跑步)时,还是应该有意识地控制呼吸,以保持身体的节奏。

第1章 德斯朗基础训练

　　这一章的动作是本书所有动作的基础，由腿部、臀部、腰部、肩部、背部、胸部、手臂、腹部等全身各部位的局部运动组成。这些运动可以增强全身肌肉力量，如果配合饮食控制，一定会在3个月之内达到理想效果。但是，如果你没有管住自己的嘴，恐怕只会发现自己越来越粗壮。所以，饮食控制的重要性再怎么强调也不过分。在第一个月，你应该尽可能地熟悉动作，确保把每个动作都做到标准。到第二个月，你就可以规定自己每个动作的练习次数了，比如每天做8组动作，每个动作做20次，两个动作之间休息20秒。由于弓步运动分为左、右两边，所以加起来要做40个。这么算起来，8组动作就要做180次，大约需要15分钟。中间的休息时间越长，身体恢复得越好，但运动效果也会相应地打折扣。一开始，你可能会觉得中间休息20秒太短。但坚持一段时间之后，你就会感觉轻松许多。从第三个月开始，你就可以每个动作做40次，中间休息20秒，每天做360个动作。这样按月逐渐增加运动量的练习方式，适用于大部分人。 但如果你体力低于平均值，平时又缺乏锻炼，恐怕这个过程会延长到半年甚至一年。你不必因为别人只需三个月，自己却需要一年而感到沮丧。在运动这件事上，你没有必要和任何人比较，只需要尽力做到最好。记得一定要在心里告诉自己——"我行，我能！" 德斯朗基础训练是经过许多人的亲身实践之后受到认可的优秀运动项目。如果你觉得STEP2的运动太难，也可以长期练习STEP1的内容，同样可以使你保持健美的曲线。

01 深蹲

1 双脚张开与肩同宽，脚尖向外展开约15度。

2 挺直腰部，臀部向后，慢慢向下坐。

3 完全坐下时,
应保证膝盖不超过脚尖的位置。

双脚并拢

双脚张开

第2部分 女性健身教程

02 弓步

1 双脚张开，间隔约10cm。

2 双膝保持笔直，一只脚向后退一步。

> **经验之谈**
>
> 在做这个动作的时候,应将70%的力量集中于前脚,后脚仅作为辅助支撑。如果感到重心不稳,应在双脚呈一条直线的基础上增加双腿间的距离。另外,不能因为重心在前脚而让身体前倾。应始终保持腰部挺直、上身直立的状态。在后脚站稳之后,调整两腿间距,直到前脚也感到稳固,即可保持姿势。

3 一边吸气,一边将注意力放在前脚、大腿内侧和臀部,慢慢向下。

4 一边呼气,一边靠臀部和盆骨区域的力量,将身体抬起来。

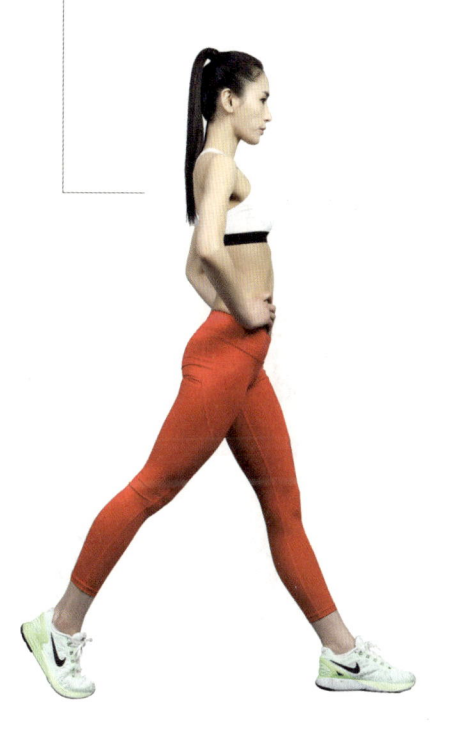

03 硬举

1 双手握哑铃同肩宽,手背向前。

2 挺直腰背,臀部向后,俯身向下。

3 呼气,利用腰部和臀部的力量抬起上半身。

> **经验之谈**
>
> 运动时注意观察自己的侧面。如果俯身向下时拱腰了，就说明姿势错误。注意不要为了纠正姿势而猛地下压腰部，否则容易受伤。最好是先找到重心，再一点一点在腰部发力，最后使腰背呈一条直线。

4 一边呼气，一边利用臀部和盆骨的力量回到站立姿势。

动作变体之张开双腿

动作变体之并拢双腿

04 压肩

1 双手同时举起哑铃，手肘朝前。

2 向上举起哑铃，注意手肘不要向两边张开。

经验之谈

练习这个动作时，你可以用哑铃，也可以用装满250ml水的水瓶。注意无论是在做上举还是下落的动作时，都要让手肘、手腕与地面垂直。因为在做推举向上的动作时，很容易出现手肘向两边张开的状况，应该尽量避免。你可以在放下哑铃时，想象自己是在尽可能地向前推出手肘；在推举哑铃时，想象自己是在稍微向后推手肘。

3 保持手肘朝向正前方，将哑铃放至下巴的位置。

4 重复动作，注意手肘一定不能向外张开。

05 俯身推举

1 双脚张开同肩宽，双手握哑铃，站直。

2 保持腰背挺直，俯身向下。

经验之谈

如果做运动的时候总是耸肩,会导致斜方肌过度发达。因此,应注意将力量更多地放在背部。胸口向前推的同时,背部蝴蝶骨尽可能地向后聚拢。如果蝴蝶骨没有聚拢,手臂和脖子就会承受过多的压力。如果腰部力量不够,可能会感到做这个动作很吃力。应慢慢加强练习,使肌肉力量和耐力不断增强,直到上肢有能力连续做两次动作。

③ 利用背部而非手臂的力量,将手肘贴近侧腰,再向后拉。

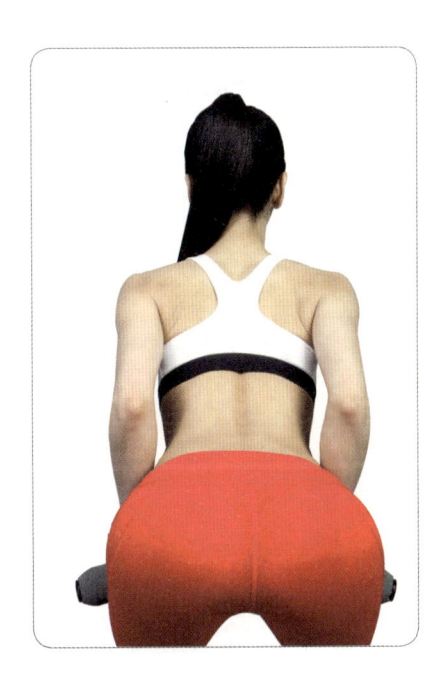

06 俯卧撑

1 俯卧于地面，将大拇指放于胸部正下方。指尖朝外，与身体呈45度角。

2 腰部发力向上伸展，手臂支撑身体向上。

经验之谈

第一次做完这个动作之后，可能会感到胸部、肩部和手臂肌肉十分酸痛。这是正常现象，只要咬牙忍过去，后面就不会觉得疼了。有的人觉得做俯卧撑之后会有腰痛的现象，这多半是伸直手臂向上抬臀的过程中腰部用力导致，也属于正常现象。

3 抬起臀部，保持身体呈一条直线，只有臀部稍微隆起。

4 向下时，用胸部带动全身往下，动作要慢。

第2部分 女性健身教程　　063

07 卷腹

1 躺在垫子上，屈膝，双手放在耳旁。

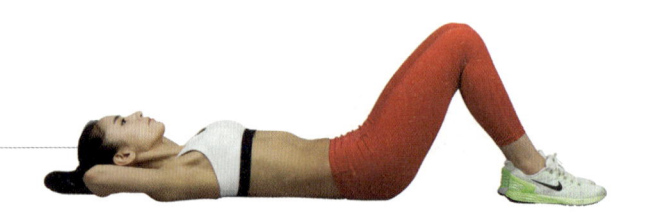

2 深吸一口气，一边呼气一边尽可能地抬起上半身。

经验之谈

大部分人在第一次做卷腹的时候都会感到颈部疼痛。这是很自然的现象。因为成人的头部重量约为3.5kg，做卷腹时相当于这个重量全都要交给颈部去承受，辛苦可想而知。颈部肌肉的退化可能会导致身体各种不适，所以我们很有必要通过卷腹之类的运动来加强颈部肌肉的锻炼。不要因为一开始的疼痛而选择放弃，只要坚持下来，疼痛感就会逐渐消失。

3 在顶点停留约2秒钟，再慢慢地吸气回到平躺姿势。

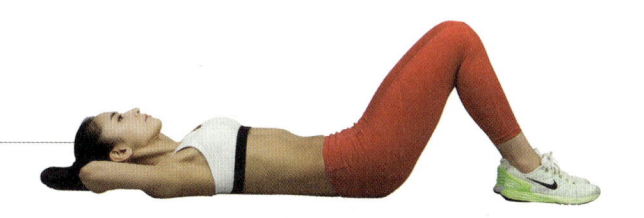

第2部分 女性健身教程

08 仰卧抬腿

1. 平躺于地面，双腿伸直。

2. 抬起双腿，使腿部与地面呈90度。

经验之谈

做仰卧抬腿之后，有一部分人会感到腰疼，这是正常现象。一般来说，腹肌运动时应该将70%的力量放在腹肌上，将30%的力量放在腰上。在反复做仰卧抬腿的过程中，腹部肌肉逐渐乏力，于是只有将更多的力量放在腰部来完成动作。这时候，腰痛感也就产生了。所以，这种腰痛并不是疾病或运动伤害所致，不必过分担心。另外，在腿部向下时，你可能会感到腰部向地面下压而产生的不适。这时候，如果你觉得腰部很不舒服，可以试试将手放在臀部下方或者垫一块软毛巾。

3 慢慢放下双腿，直到双腿完全回到地面。

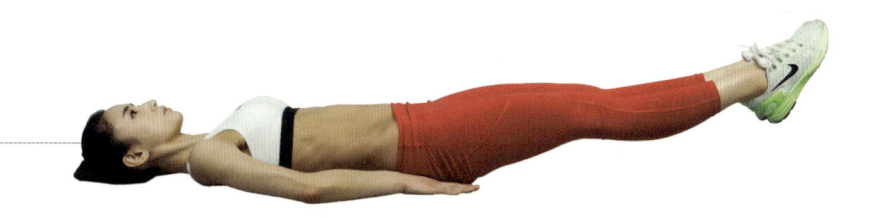

4 重新抬起双腿，重复动作2。

★ 腰部力量不足的人可能会觉得这个动作做起来很困难，不妨试试先屈膝抬腿，再慢慢伸直双腿。

第2部分 女性健身教程　　067

完成基础训练之后，又该做些什么呢？

在我们通过基础训练获得足够的体力提高和动作熟练度之后，就可以考虑增加难度、设计更具有个性化的运动课程了。一般来说，运动课程应该由6~8组动作组成，包括全身动作和自己选择的局部塑身动作。设计上应该遵循先练大块肌肉再练小块肌肉的原则，从下肢到背部，再到腰部、胸部、肩部、腹部，最后进行有氧运动。在选择局部动作之前，应该先把第二章的动作全部掌握，再根据自己的身体状况来自由选择。下面是德斯朗健身工作室的会员们经常做的几个课程，供你参考：

身体状态好、力量充沛的情况下： 跳跃深蹲，宽距俯卧撑，哑铃俯身划船，手臂挥包，V字形上举，肘部平板支撑＋抬膝运动，跳跃波比

状态一般的情况下： 迷你深蹲，椅上弓步，俯卧撑转拜日式，背部伸展，俯身挥包，单腿抬起平板支撑，波比＋抬膝

状态不太好的情况下： 阿诺德哑铃推举，俯卧撑抬腿，椅上手臂支撑，单腿硬举，臀桥，扭转卷腹，肘部平板支撑，跳跃波比

状态不好的情况下： 深蹲，单腿弓步，俯卧撑，交叉抬膝，哑铃侧平举，侧边平板支撑＋抬腿，初级波比

第 2 章 局部塑身课程

首先，我要向你说声恭喜！读到这里，说明你已经通过初级阶段的训练，顺利进阶为中高级运动能力者。也就是说，你已经度过了最为艰难的前三个月。如果你继续坚持下去，到第6个月结束之后，你就会拥有自己再也舍不得丢掉的好身材。然后，你将不再需要任何人的督促，自觉自愿地完成训练。我们在基础课程中学习的动作已经为STEP 2打好了充足的基础，接下来的训练虽然会更辛苦，但相信你一定可以坚持下来。通过这一阶段的学习，你将会更深刻地领悟到运动是靠身体而不是头脑去学习的。希望你尽可能在感到辛苦时坚持下去，把动作做得更好一些、更久一些。在正式开始训练之前，你不妨先仔细看书把所有动作熟悉一遍，再根据自己的情况设计课程，最后按课程安排来训练。作为一个运动实践者，我深知在开始学习的时候，过于复杂的动作会让人失去继续学习的积极性。所以，我尽可能地选择了既容易学又高效的动作。由于每个动作都有许许多多的衍生动作，我只能从中选择那些在教学中最经常使用，且经我妻子亲身实践后确认效果理想的动作。相信这些动作同样可以在你身上发挥理想的效果。

那么，STEP 2的个人课程究竟应该如何安排呢？首先，你应该从所有动作中选出对你而言最必要、最合适、最有成效的动作，将它们分为六大类（按身体部位来区分），每天从各类中选择一个动作，组成一共有6个动作的单日课程。看到这里你可能会问了，STEP 1里的单日训练都有8个动作，为什么到了STEP 2却减少到6个了呢？这是因为，STEP 2中的动作都是由2个或2个以上的动作组合而成的。所以，做6个已经足够了。动作越简单，完成起来就越快，更有利于每天坚持。如果你的计划是按天进行，那么最好是一天做比较复杂的动作，另外一天做比较简单的动作。这样间隔开来，既增加了运动的多样性，又不会太辛苦。你不妨尝试多种不同的课程组合，如果感到身体疲惫，就重新回到STEP 1进行缓冲和复习。另外，你最好是将每天的运动情况都详细记录下来。久而久之，就有了属于自己的运动日记。当你彻底掌握本书的内容之后，你可能已经拥有了像我妻子那样漂亮的好身材，你会开始希望向更高级的运动进军。那时候，你不妨登录德斯朗的官方网站或脸书主页，去寻找高级运动课程的视频来学习。希望本书的读者中有更多的人可以达到高级水平，那样的话，我作为作者也算是功德圆满了。

现在你就可以登录脸书关注我们，跟着我们发布的视频进行练习了。丰富多样的教学视频在等着你哦！

1 让胸部更加丰满的上肢运动

你是否饱受平胸的困扰？或者正因胸部的日益下垂而忧心忡忡？虽然运动不能让你拥有手术丰胸的完美效果，但至少可以让你在穿上衣服的时候展现出漂亮的胸部曲线，或是露出若隐若现的性感乳沟。秘诀就在于俯卧撑运动。如果你想通过运动而非手术的方式丰胸，那就跟随我们勤练俯卧撑吧！

01 宽距俯卧撑

1 俯卧于地面，大拇指放于胸部正下方，手掌向外侧打开20cm—30cm。

2 保持大腿贴地，挺起上半身。

③ 抬起大腿和臀部。

④ 下压的同时保持身体呈一条直线，将力量集中于胸部，重新回到姿势1。

02 俯卧撑转胸部伸展

1. 俯卧于地面，大拇指放于胸部正下方。

2. 保持身体呈一条直线，只有臀部稍微上翘。

3. 一只手撑地，维持身体重心稳定，身体侧转90度，保持手臂与身体在一条直线上。

④ 回到姿势2，做反方向的动作。

⑤ 左、右两侧做完之后，以俯卧撑作为结束。

第2部分 女性健身教程　　075

03 俯卧撑抬腿

① 俯卧于地面，大拇指放于胸部正下方。

② 利用腰部力量抬起上半身，伸直手臂。

③ 保持身体呈一条直线，只有臀部微微上翘。

④ 双腿伸直，抬起一只脚。

⑤ 以同样的方式抬起另一只脚。

⑥ 左、右两侧各做完一次之后，以俯卧撑作为结束。

第2部分 女性健身教程　077

如果你总是按照从前的方式来吃，
你的体重也会一直维持在从前的水平。

If you eat what you've always eaten, you will weigh what you've always weighed.

2 告别蝴蝶袖，拥有性感的手臂和肩部线条

通过本节训练，你将告别恼人的蝴蝶袖，拥有优美的手臂和肩部线条。要想有线条，自然首先得去除赘肉。但赘肉消失之后如果没有漂亮的肌肉，那看上去也只不过是干瘦而已。干瘦与性感之间，只差一段刻苦训练。如果你想拥有漂亮的手臂和肩部线条，就赶快开始学习本节的动作吧。

01 俯卧撑转屈膝

1. 俯卧于地面，大拇指放于胸部正下方。

2. 利用腰部力量抬起上半身，伸直手臂。

3. 保持身体呈一条直线，只有臀部微微上翘。

> **经验之谈**
> 这个动作比普通的俯卧撑更能刺激肩部和腹部肌肉，要想做好还是得花一些工夫的。

4 抬起一条腿，弯曲膝盖，使膝盖慢慢朝上半身靠近。

5 换一条腿，重复动作。

第2部分 女性健身教程　081

02 俯卧撑转拜日式

1 俯卧于地面，大拇指放于胸部正下方。

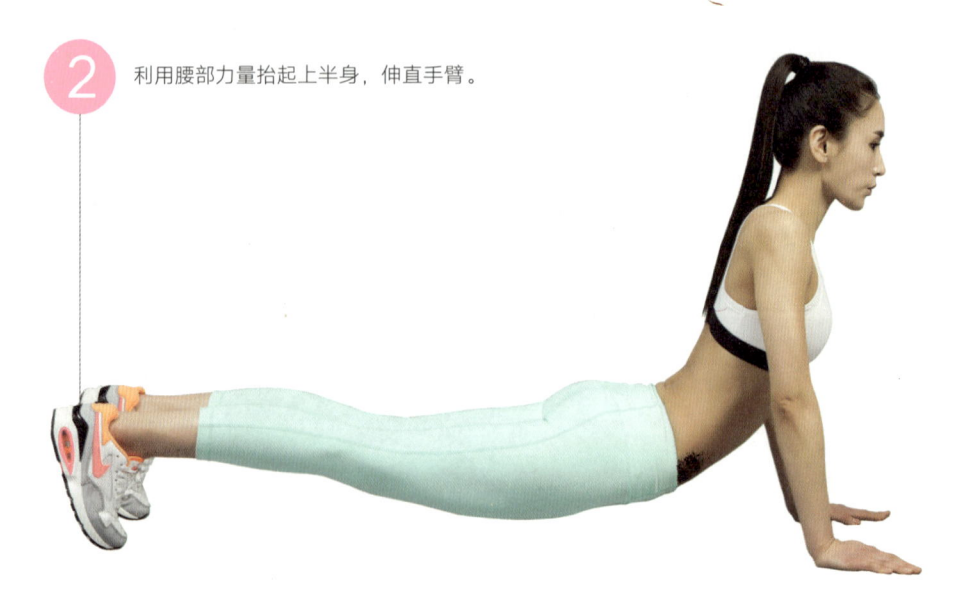

2 利用腰部力量抬起上半身，伸直手臂。

> **经验之谈**
> 这个动作最困难的地方在于抬起臀部。另外,当肩部向前、后背伸展时,肩部后侧的肌肉可以得到充分刺激,从而达到塑造肩后侧线条的效果。

3 抬起臀部至身体最高点,使上半身与下半身呈90度。

4 重新回到初始动作,重复一遍。

03 哑铃侧平举＋前平举

1 将双手放于大腿前侧，手背朝前。

2 手肘弯曲约15度，保持这种状态向两边抬起手臂。

经验之谈

做这个动作时，要格外注意手肘的位置和弯曲的角度。在向两侧平举的过程中，为了避免手肘后倾，应使身体稍微向前倾约10cm，注意手肘比肩部、手腕的位置更高一些，这样才能充分锻炼到手臂与肩膀部位的肌肉。

3 保持用力的状态，将双臂放回原位，然后朝前方平举。

4 重新回到初始动作，重复一遍。

第2部分 女性健身教程

04 阿诺德哑铃推举

1 双腿分开站立，手背朝前举起哑铃至下巴高度，保持手肘朝向正前方。

2 手臂向上举起，手腕缓慢旋转180度。

经验之谈

做手臂上举动作时，手肘如果向两侧张开，肩部锻炼的效果就会大打折扣。因此，应该不断注意让手肘朝前，可以想象手腕处于稍稍向内收的状态，以便尽量减少手肘关节朝外的现象发生。

3 放下手臂，回到初始动作。

05 椅上手臂支撑

1 坐于椅子外沿,将双手放在臀部两旁,紧贴椅子边沿。

2 以手臂作为支撑,臀部离开椅面。

> **经验之谈**
>
> 做这个动作的时候，要注意保持上半身的直立状态。向下的程度以肩部可以承受的最大范围为止。只有这样，才能达到最佳运动效果。

3 屈肘向下，向下过程中尽量从臀部到腰部缓缓贴着椅子。

4 重新回到姿势2。

最好的腹肌运动是
来5组"拒绝垃圾食品"。

The best ab exercise is 5 set of stop eating so much JUNK FOOD.

3 打造充满诱惑的背部

你是否也想像那些身穿露背装的女明星一样，拥有完美的背部曲线呢？结实有力的背部和腰部肌肉不仅看上去漂亮，还可以让你远离腰背疼痛。另外，背部力量的加强还可以纠正弯腰驼背的体态，形成自然的S形身材，并通过使胸部更加挺拔而达到丰满的视觉效果。看完这些，你还没有动心吗？赶快开始训练吧！

01 背部伸展

1 俯卧于地面,伸直双臂。

2 利用臀部和腰部的力量同时抬起上半身和下半身,保持腹部贴地。

> **经验之谈**
>
> 这个运动可以增强腰部的力量和柔韧性。注意做的时候一定要让手臂和腿部离开地面，否则达不到锻炼效果。在抬起上半身和下半身之后，保持身体的紧张状态，尽可能地抬高手和脚，就可以使运动效果加倍了。

3 如果感到同时抬起上半身和下半身比较费力，可以先分开练习。

02 哑铃俯身划船

1. 双手握哑铃，将哑铃放于大腿前面，手背向外。

2. 俯身向下做硬拉姿势。

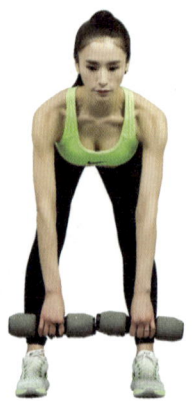

> **经验之谈**
>
> 这个动作结合了硬拉和俯身划船，应先分别练习两个动作，等掌握熟练之后，再合到一起做。

③ 举起哑铃，进入俯身划船动作。

④ 放下哑铃，回到硬举姿势。

03 手臂挥包

> **来自英珠姐姐的小贴士**
>
> 长期姿势不良会导致肩膀、腰部疼痛，继而影响睡眠。在刚开始运动的时候，我就为了纠正姿势而费了不少功夫。现在，我的腰部、盆骨、臀部和腿部肌肉已经恢复正确的位置，腰肩疼痛的老毛病也不再犯了。

1 双脚张开约为两倍肩宽，双手提包，站好。

2 前后摆动手臂，利用惯性将包高高抛起。

> **经验之谈**
>
> 在做这个动作的时候,要注意保持腰部挺直,正确利用前后摆动的惯性。一不小心放松精神,就有可能将包抛到前面或后面。所以,一定要保持精力集中。

③ 在感觉身体完全伸展、包在空中悬浮时,立刻收回力量。

④ 在双臂接触到盆骨之前停下来,再次利用惯性将包挥出。

04 俯身举包

1 在书包里塞入一些重物，以自己可以承受的重量为限。将书包举起放在颈部后方。

2 以鞠躬的姿势俯身向下，注意保持腰部挺直。

> **经验之谈**
>
> 俯身向下的时候,要感觉到腰部用力将胸部和下腹部向前推挤。之所以强调腰部下压而不是保持挺直,是因为即便用力下压也多半只能做到挺直而已。

3 重新回到初始动作。

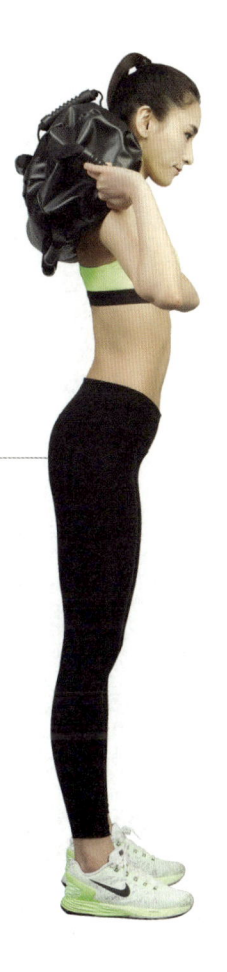

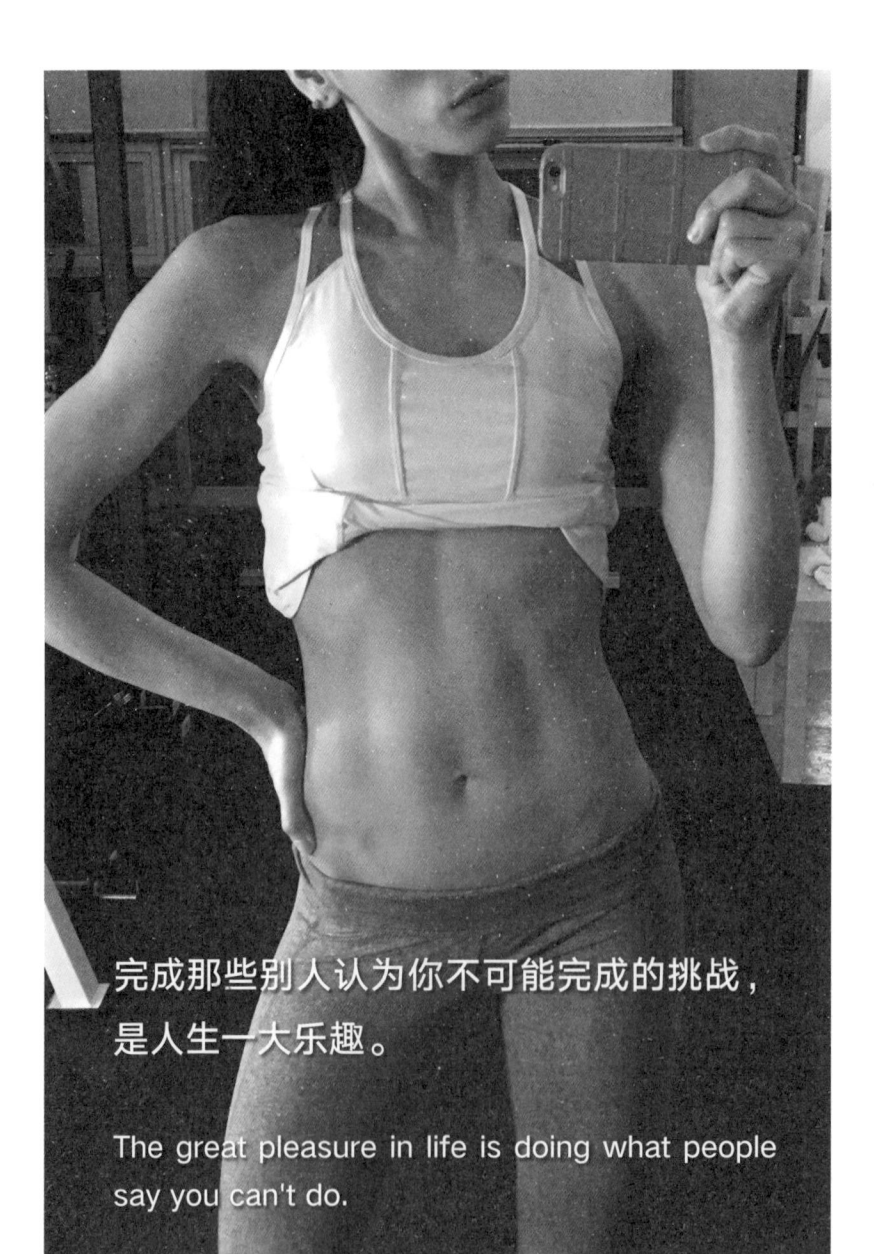

完成那些别人认为你不可能完成的挑战，是人生一大乐趣。

The great pleasure in life is doing what people say you can't do.

4 塑造纤腿与翘臀

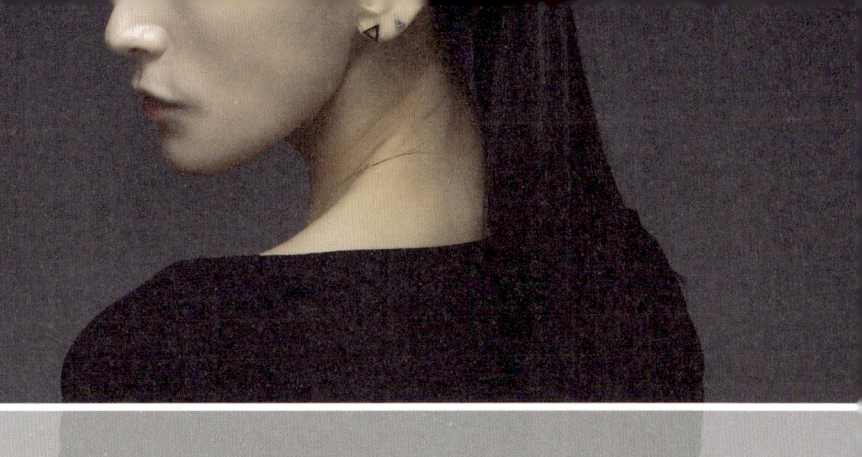

你是否正为松垮肥胖的臀部而烦恼？年轻时紧翘的臀部，似乎已经随岁月的流逝一去不复返。这是自然现象，但并非不可改变。只要我们打起精神，与名为"衰退"的恶魔展开搏斗，就一定能让年轻的身材陪伴我们久一些、再久一些。三十岁还不算晚，赶快开始运动吧！

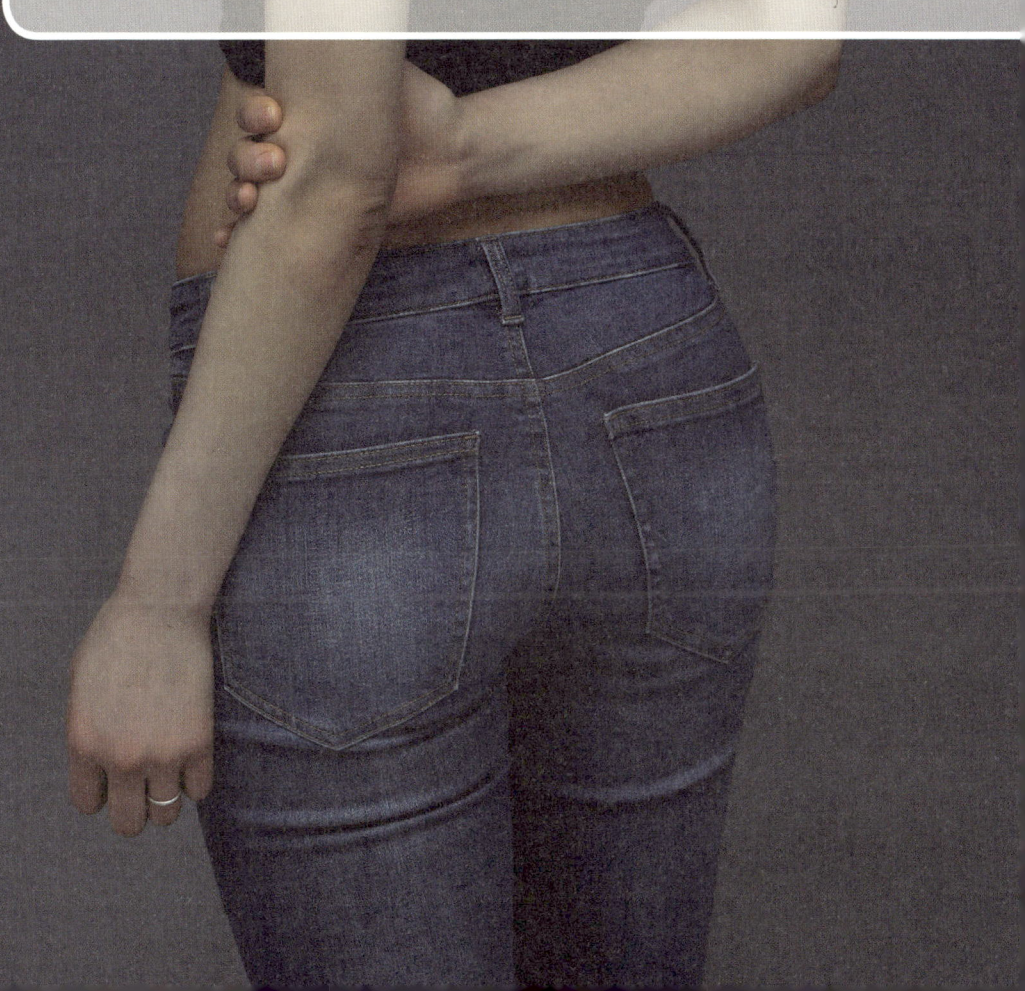

01 迷你深蹲

1 进入完全深蹲姿势。

> **经验之谈**
>
> 在到达最辛苦的位置时，很容易出现上半身前倾的现象。这时候，一定要打起精神保持上半身的稳定，并继续将盆骨向下压约30cm，以达到更好的运动效果。

2 向上起身，在感觉最辛苦的位置停下来，重新回到第一个姿势，反复练习。

02 跳跃深蹲

来自英珠姐姐的小贴士

这个运动可以说是我练过的徒手运动中最辛苦的三个动作之一。第一次做这个动作的时候，我已经充分掌握了STEP 1中的练习，也有了一定的体力和肌肉力量，但也只做了十个就吃不消了。动作结束之后的几秒钟里，我依然感到大腿无比酸痛……现在，我一次可以做50个了。但每次做的时候，依然会尝到生不如死的滋味。但谁叫这个动作是练就翘臀效果最好的呢？还是咬牙多做几个吧！

1 双腿张开同肩宽，站好。

2 进入完全深蹲姿势。

> **经验之谈**
>
> 如果在跳跃之后先站一会儿再回到深蹲姿势，运动效果就大打折扣了。应该在跳完之后直接向下进入深蹲姿势，才能达到最理想的效果。

3 站起来，伸直双臂，跳起约10cm高度。

4 重新回到姿势2。

03 椅上弓步

1 单脚踩在椅面，膝盖弯曲呈90度。

2 利用大腿前侧和臀部的力量站上椅子。

经验之谈

后脚从椅子下来的时候，不能直接从椅子的侧面踩下去，否则会使膝盖承受过大的压力，同时前脚的运动效果也会大打折扣。应该尽可能缓慢地、正确地放下后腿，才能保护膝盖并使臀部肌肉得到充分的刺激。

3 慢慢放下后腿，回到姿势1。

第2部分 女性健身教程　107

04 单腿弓步

1 双腿尽可能地伸直打开。

2 一条腿保持伸直的状态，另一条腿下压做弓步姿势。

经验之谈

注意做弓步姿势的那条腿必须保持膝盖朝着正前方。大部分人第一次做的时候，都会出现膝盖歪向侧边的情况，应尽可能提醒自己注意。如果感到难以完成，可以先加强BASIC训练中的深蹲和弓步练习。

③ 站起来，换另一条腿做同样的姿势。

05 臀桥

> **来自英珠姐姐的小贴士**
>
> 这是一个简单有效、可以随时在家里练习的动作。它不仅能让你的臀部更加紧翘,还能使整个后背得到舒展。做好这个动作的关键在于腰部和臀部用力上提时动作要缓慢,如果运动结束后感到臀部酸胀,就说明运动到位了。

1 平躺于地面,抬腿屈膝。

> **经验之谈**
>
> 在熟练掌握这个动作之后，可以尝试借助椅子来增加动作难度。和背部伸展运动一样，这个动作看起来十分简单，但只有保证姿势正确，专注而缓慢地去做，才能达到理想的效果。

2 双臂伸直放于身体两侧，缓缓抬起腹部和臀部，尽可能地向上。

3 保持动作一段时间，再缓缓放下腹部和臀部，直到腰部完全贴于地面。

第2部分 女性健身教程

英珠姐姐在生活中常做的小运动

下面几个是我经常做的小运动。别小看这些动作,正所谓"积少成多",总有一天它们会给你欣喜的回报。

动总比不动好。让我们一起来养成随时运动的好习惯吧。

1. 洗碗的时候做后踢腿运动。

2. 刷牙的时候做深蹲(每天多做一两个,总有一天你能轻轻松松做100个)。

3. 从地上捡东西的时候不要屈膝,直接弯腰做腿后侧伸展。

4. 搭乘自动扶梯的时候踮起脚尖做小腿伸展运动。

5. 洗澡的时候用沐浴液泡沫做腿部按摩。

5 将腹部赘肉变为漂亮的人鱼线

接下来我们要学习如何消灭腹部赘肉。之前我们已经强调过，漂亮的人鱼线并不是完全靠腹肌运动来练就，而是必须伴随3个月以上的严格饮食控制。如果你从现在开始跟随我们坚持练习并好好控制饮食，就一定能在不久的将来看到美丽性感的腹肌。

01 仰卧起坐

1 平躺于地面，双腿屈膝并拢，双手置于耳后。

2 一边呼气，一边利用腹部的力量抬起上半身。

> **经验之谈**
>
> 你可能听说过"仰卧起坐对腰不好"这种说法。一般来说，腰痛主要是由于腹部和脊椎的竖脊肌力量不足。而做仰卧起坐的话，一开始可能会感到肌肉酸痛，等腹部和脊椎的竖脊肌有了一定的力量之后，脊椎就会被结实的肌肉所包围，大部分的腰痛症状就会自然消失。我们做仰卧起坐，不必一味追求数量，而应该将目光聚焦于动作质量。高质量的动作应该是只靠腹部肌肉的力量来完成，且比卷腹时更高地抬起上半身。注意不要为了省力而利用惯性来完成动作，否则不仅效果大打折扣，更会有受伤的风险。

3 坚持一段时间，再慢慢放下身体，回到平躺姿势。

02 扭转卷腹

1 平躺于地面,双腿屈膝并拢,双手置于耳后。

2 深呼吸一次,然后尽可能地抬起上半身,在最高点保持几秒钟。

3 一边呼吸,一边向左侧扭转身体。

经验之谈

这个运动可能会让你觉得腹部酸痛难忍。但是疼痛意味着什么呢？意味着你的腹部肌肉受到了充分刺激。要记住，没有痛苦的运动只能称为劳动，在感到痛苦的时候继续坚持做下去的才算是运动。很多人做这个动作的时候会偷懒，只是象征性地左右扭转身体，这样当然是不可取的。记得一定要缓慢地、正确地完成动作，才会达到理想的效果哦！

4 一边吸气，一边回到中间。

5 一边呼气，一边朝右边扭转身体。

03 卷腹抬腿

1. 抬起上半身，进入卷腹姿势。同时，双腿离地，微微抬起。

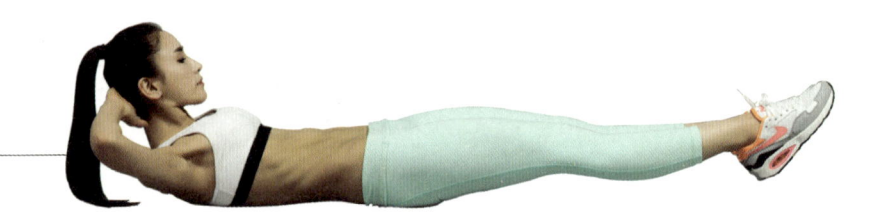

2. 伸直双腿，脚尖绷紧，保持上半身不动，下半身向上抬起，直到身体呈90度。

经验之谈

这个动作比一般的动作强度更大，对肌肉的刺激更强。腿部向下时动作一定要慢，并保持上半身不动。如果利用上半身的惯性来完成，效果就会大打折扣。

04 卷腹抬腿不动

> **来自英珠姐姐的小贴士**
>
> 在刚开始做腹肌运动的时候，我经常会有这样的疑问："我做的明明是腹肌运动，为什么会感到腰部疼痛呢？我真的做对了吗？"到后来我才明白，腰疼现象是再正常不过的了。长期未得到锻炼的肌肉突然动起来，不痛才怪呢……等你多做一段时间之后，疼痛的感觉自然就会消失了。

1 平躺于地面，抬起双腿，使臀部到脚尖呈一条直线。

2 保持腿的位置不动，利用腹部力量尽可能地抬起上半身。

> **经验之谈**
>
> 如果你做这个动作的时候感到膝盖不得不弯曲,或者腿部无法支撑而前后摇摆,就说明你的腹部肌肉力量还不够。可以通过勤练卷腹和卷腹抬腿运动来加强力量。

3 腿部向下时,不要猛地下落,要慢慢来。落到地面之后,再重新抬腿。

第2部分 女性健身教程

05 V字形上举

> **来自英珠姐姐的小贴士**
>
> 以前，我总是喜欢把V字形上举拆分为卷腹和抬腿两部分来做。原因很简单，合在一起做实在太累了。"我不喜欢做这个！我做不来的！"每次听到我这么说，老公就会说："你不就是怕累吗？那就更要多做了！"到今天，我总算是可以把这个动作连贯地做几遍了。但只要说到我最不想做的动作，它依然可以毫无悬念地排进前三。

1 平躺于地面，双手双腿伸直，微微向上抬起。

2 同时抬起双手双腿，使它们在腹部上方相碰。

122 徒手健身：女生版

经验之谈

要在不依靠惯性的情况下完成V字形上举,并不是一件容易的事情。很多时候,我们虽然抬腿动作做到位了。上半身却只有手臂和脖子是朝上运动的。记得一定要努力地抬起整个上半身,使背后的蝴蝶骨完全离开地面。

③ 放下双腿双手,注意手臂和腿不要迅速着地。

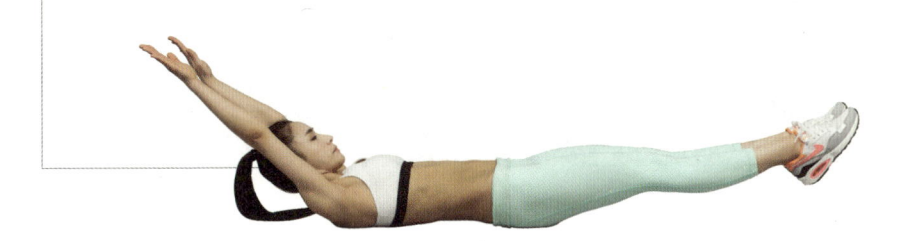

不要为你的减肥运动设置期限，它应该是你长期坚持下去的生活习惯。

Don't start a diet that has an expiration date, focus on a lifestyle that will last forever.

核心区域训练——打造S曲线

"我有脊柱侧弯的毛病,一运动就腰痛。""我身体重心不太对,运动起来比别人辛苦。"……你是不是还在为自己找各种各样的理由来逃避运动呢?事实上,在韩国每100个成年人里就有99个在一定程度上患有脊柱侧弯。如果你的脊柱侧弯还没到靠手术才能治愈的程度,那么就可以通过锻炼核心区域来矫正。不仅如此,核心运动还可以从整体上加强我们的运动能力,使我们的身体重心恢复正常,使腰线更加纤细。现在就让我们开始练习这具有神奇魔力的核心运动吧!

01 单腿硬举

1 先将一条腿向后微微抬起,随后调整呼吸,找到身体重心。

2 以硬举姿势俯身向下。

> **经验之谈**
> 呼吸过快会导致动作太快,应该保持缓慢均匀的呼吸,慢慢做动作。俯身向下时,慢慢吸气。起身时,慢慢呼气。

3 这时应和做硬举动作时一样,保持后腰挺直。

02 平板支撑

LV1 展臂平板支撑 ★

1 保持俯卧撑姿势。

LV2 肘部平板支撑 ★

1 利用手肘支撑身体。

LV3 单腿抬起平板支撑 ★

1 保持肘部支撑的姿势,抬起一条腿。

2 保持一段时间之后,换另一条腿。

LV4 ●展臂平板支撑 + 抬膝运动 ★★

1 保持俯卧撑姿势。

2 将膝盖抬起至双臂之间,保持腿部不挨地。
注意臀部不要抬高,腹部像做卷腹一样收起来,并尽可能地拉伸膝盖。

经验之谈

在做这个动作的时候，将腹部收起来会比挺直腰杆更好地刺激腹部肌肉。如果做的时候只用肩膀支撑，腹部和腿部不用力的话，运动效果就会大打折扣。应该尽可能按照图片上的示范动作来做。不要觉得平板支撑只是一项锻炼腹肌的运动。事实上，它除了锻炼腹肌之外，还可以刺激到许多其他区域的肌肉，可谓好处多多。

3 换一只脚，重复同样的动作。

LV5 肘部平板支撑+抬膝运动 ★★★★

1 做好肘部平板支撑。

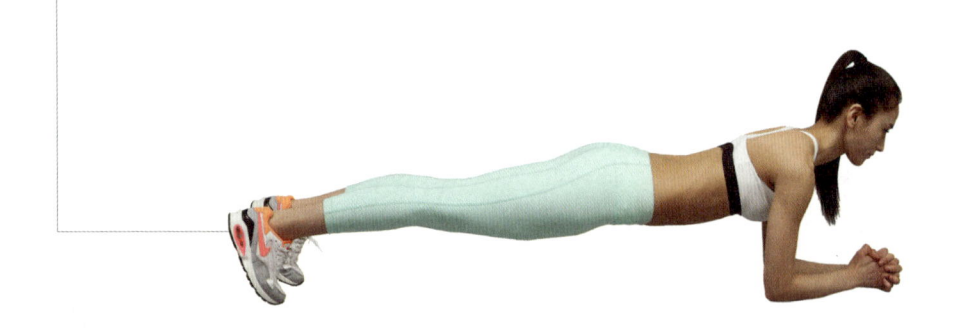

2 将膝盖抬起至双臂之间,保持腿部不挨地。
这个动作是用肘部做支撑,所以比上一个动作更加需要收腹。

经验之谈

这个动作可以说是我做过的全身运动中最困难的，只要做10次就可以感到生不如死。你可别不信，等你亲自试试就会明白，为什么别的动作要求做30次，而这个动作只要求做10次了。每次我做这个动作的时候，老公都会在旁边说："抬起膝盖的动作一定要慢一些，再慢一些，这样效果才更好。"一开始，我的核心区域力量不够，只能用肩膀和手臂的力量去支撑，殊不知这样反而更容易累，第二天的腰酸背痛更是苦不堪言。所以，做这个动作的时候一定专心用腹部和腰部的力量去支撑，这样才能真正达到锻炼的效果。这个动作再加上波比运动，简直可以称为"死亡运动双煞"。不过虽然最辛苦，效果也是最好的。等你坚持做完之后，就会感到满满的成就感——"今天我也算是战胜了自己呢！"

3 换一只腿，重复同样的动作。

LV6 侧边平板支撑 ★★★

1 双脚并拢,身体保持侧卧姿势。抬起身体,保持全身呈一条直线。

LV7 ● 侧边平板支撑+抬腿★★★★

1 双脚并拢，身体保持侧卧姿势。抬起身体，保持全身呈一条直线。

2 缓缓地抬起一条腿。

没有汗水，就没有收获。

No pain no gain.

7 最好的居家有氧运动

想知道什么是最好的居家有氧运动吗？其实很简单，就是那些最累的运动。你可能会说，难道那些持续时间长、动作简单的就不行吗？说实话，那些运动顶多是让你保持动的状态，就别指望有什么效果了。对我来说，最有效的居家有氧运动就是波比了。这个动作只需要向后伸腿，再在起身的时候保持身体的紧张度，就可以轻松完成了。建议你做的时候最好穿上运动鞋，并且准备一张运动地垫。这样既可以避免腿部受伤，也可以减少噪声。

01 死亡运动之波比

来自英珠姐姐的小贴士

一开始，我觉得这个动作没什么难度。所以，我在制定运动课程的时候，在每个局部运动的间隙都加了30个波比。于是，原本轻松完成的运动计划一下子就变成了极限运动挑战。如果你没有时间专门做有氧运动，那么波比就是你的最佳选择。

LV1 初级波比 ★

1 张开双腿站立，双腿间隙比深蹲动作稍微大一些。

2 俯身向下，将双手放于双腿正前方。

138 徒手健身：女生版

③ 利用臀部力量做轻微跳跃动作，使双腿伸直置于身后。

④ 双腿抬起跳跃，回到姿势2。

第2部分 女性健身教程

LV2 波比 + 抬膝 ★★

1 张开双腿站立，双腿间隙比深蹲动作稍微大一些。

2 俯身向下，将双手放于双腿正前方。

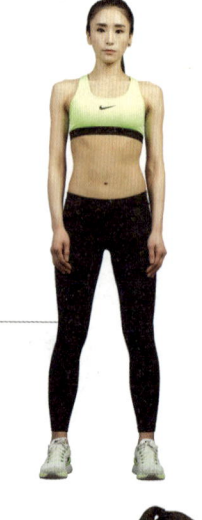

3 利用臀部力量做轻微跳跃动作，使双腿伸直置于身后。

4 保持姿势，双腿轮流做抬膝运动。

5 双腿抬起跳跃，回到姿势2。

LV3 波比+俯卧撑 ★★★

1 张开双腿站立，双腿间隙比深蹲动作稍微大一些。

2 俯身向下，将双手放于双腿正前方。

3 利用臀部力量做轻微跳跃动作，使双腿伸直置于身后。

> **经验之谈**
>
> 波比运动又被称为"死亡运动""恶魔运动"。由此可见，其强度之大。做这个运动时，要注意撑地时双臂和双腿的间距不能太窄。另外，双腿向后伸直时要尽量伸得远一些，当腹部向下沉时利用惯性抬腿，才能使运动效果最大化。很多人做波比运动的时候，都会想方设法偷懒，这样是绝对不行的。不要为了达到次数而以次充好，每一个动作都要尽可能地做到位。只做一个标准的动作，也比做许多个滥竽充数的动作要强。

4 保持姿势，双腿轮流做抬膝运动。

5 双腿抬起跳跃，回到姿势2。

LV4 跳跃波比 ★★★

1 张开双腿站立，双腿间隙比深蹲动作稍微大一些。

2 俯身向下，将双手放于双腿正前方。

③ 利用臀部力量做轻微跳跃动作，使双腿伸直置于身后。

④ 抬高后腿，跳跃离开地面约10cm，重新回到姿势2，再起身站好。

LV5 ● 波比＋俯卧撑＋抬膝★★★★

1 张开双腿站立，双腿间隙比深蹲动作稍微大一些。

2 俯身向下，将双手放于双腿正前方。

3 利用臀部力量做轻微跳跃动作，使双腿伸直置于身后。

4 保持姿势，双腿轮流做抬膝运动。

5 采用正确的姿势做俯卧撑。

6 伸直双臂，同时抬起臀部，收回双腿，回到姿势2，再跳跃离开地面约10cm。

英珠姐姐教你如何在
运动的同时做好皮肤保养

运动6个多月之后，我清楚感觉到了自己身体的变化，穿上衣服也比从前自信了许多。但随着脂肪的大量流失，我感觉到自己的面部皮肤开始下垂，仿佛一下子老了好几岁。

对此，我苦恼了好一阵，甚至都准备去美容院打针了。最后，我还是决定勤做皮肤保养，用自然疗法来改善面部下垂的症状。下面，我就教你如何在运动的同时做好皮肤保养工作。

1.每次运动之前，先用清水或温和的洗面奶清洗面部。

2.每天都要做面膜，晚上要涂五六种护肤品，从爽肤水到精油，一样都不能少。

3.多吃黑豆、西红柿、石榴等有美肤效果的食物。

4.补充维生素A、B、C、D、E，OMAGA-3、益生菌等难以通过食物摄取的营养素。

5.运动时不管再辛苦都不要做扭曲面部的表情。（这一点很难做到，我也经常控制不住……）

也许是长期坚持运动再加上保养有方，现在我的皮肤很有弹性，几乎没有下垂的痕迹了。先坚持运动、养成健康的饮食习惯，再好好保养自己的皮肤吧。保持这样的生活方式一段时间之后，你的身体和皮肤自然而然就会变得健康美丽起来，甚至连你的内心，也会跟着变得越发美丽……

英珠姐姐推荐的健康零食

下面这些是我在健身期间经常吃的健康零食。不过每个人的体质不同,你最好还是不要完全照我的来,要根据自己的体质选择适合自己的食物。

杏仁:富含蛋白质和不饱和脂肪酸,有助于减肥。不过注意这个吃多了也会长胖,一天最多只能吃20颗。

番茄:富含抗氧化物质、多种维生素和矿物质,低卡路里、高饱腹感,简直就是完美的减肥食物。

蓝莓:我非常喜欢吃蓝莓或蓝莓做的酸奶慕斯。它富含花青素、抗氧化物质及膳食纤维,多吃可以延缓衰老。而且它热量极低,吃多了也不怕胖呢!

无糖酸奶:减肥之后很容易便秘,这时候就需要多喝一些酸奶了。你可以把它拌进沙拉里,也可以当下午茶点心,既营养丰富又可以预防便秘,减肥期间吃,真是再适合不过了(每个品牌的酸奶热量和成分都有差异,选择的时候一定要看仔细一些)。

海带：有助于血液循环，富含碘，对于消除浮肿有很好的效果。

奇异果和葡萄：富含钾，可以促进体内钠的排出（水果含糖量很高，多吃也会长胖，所以记得一定要适可而止）。

胡萝卜：众所周知，胡萝卜是一种营养丰富的蔬菜。但对我来说，吃胡萝卜纯粹是为了享受咀嚼的快感。

英珠姐姐自制的美味减肥食谱

以前，我如果不感到肚子饿的话，就可以一直不吃东西或者随便吃点零食。自从开始健身之后，我就发现一顿饭不吃都不行，一饿就完全没力气。所以，现在我一日三餐都会好好吃了。我会尽量选择那些健康且具有减肥效果的食物，从中摄取丰富的蛋白质和优质碳水化合物，以及相对健康的脂肪。我原本是那种一进厨房就能制造一出灾难片的菜鸟主妇，现在为了减肥竟然也练出了一身厨艺。一般来说，我早上在家里吃，午餐吃自制盒饭或饭店里的饭菜（当然会避免各种刺激性食物，选择蔬菜包饭、新鲜鱼类和肉类等），晚餐就是一碗沙拉。

过于严苛的饮食管理最终只会得不偿失。希望我们在减肥的路上所享用的食物是既健康又美味的。这样，你才会有更充足的力气投入训练中。

小贴士：即便早餐没有时间吃饱，也一定要吃一些。如果嫌这样那样都得吃太麻烦，不妨试试来一碗炒饭。各种各样的蔬菜和肉类混在米饭之中，既美味又营养丰富。

鸡胸肉黑米墨西哥饼

材料：黑米墨西哥饼、鸡胸肉、芹菜、红辣椒、西生菜

（可以根据自己的喜好调整食材）

1. 将黑米墨西哥饼放在平底锅中两面煎熟（不要放油）。
2. 将西生菜铺在底部，上面放适量的芹菜、红辣椒、鸡胸肉等（我用的是熏制鸡胸肉，所以不需要额外烹煮了）。
3. 如果觉得这样吃比较单调，可以加柠檬、酸奶等天然调味品。

小贴士：如果加酸奶作为调料，只要薄薄地覆盖一层就够了。另外，还可以加入坚果、红薯、金枪鱼等各种食材。墨西哥饼的材料除了黑米之外，还可以用大米、燕麦等。营养丰富的各色蔬菜配上富含蛋白质的鸡胸肉，就成了一道既美味又低卡路里的健康减肥餐。

低卡路里酸奶沙拉

材料：低卡路里酸奶、洋葱、柠檬蜜

将切碎的洋葱和适量柠檬蜜放入酸奶中搅拌即可。

柠檬蜜放多了会太甜，要注意适量。

小贴士：如果没有柠檬蜜，可以用天然果酱或柠檬汁替换。

牛肉墨西哥饼

材料：牛肉、洋葱、红椒、西生菜、苹果、芝士、糙米墨西哥饼

1. 将糙米墨西哥饼放在平底锅中两面煎熟（不要放油）。
2. 将西生菜、苹果、红椒分别切碎，放在饼上，再撒适量芝士碎。
3. 最后将牛肉和洋葱炒熟之后放在饼上，就算完成了。

各式各样的炒饭

所有炒饭的做法都大同小异。注意不能放太多油，否则就不能称之为减肥餐了。

1.将适量的优质植物油倒入平底锅，翻炒蔬菜。
2.将主材料（牛肉、海鲜、鸡胸肉等）放入锅中，一起翻炒。
3.倒入适量天然酱油。
4.加入薄荷、黑胡椒等天然调味料，使味道更加丰富。

这道减肥餐做起来非常简单，很适合作为盒饭带到公司去吃。由于食材健康、调料天然，大可以放心地饱餐一顿。

小贴士：将菠萝、西红柿等酸酸甜甜的食材加入其中，会更美味。

牛肉蔬菜炒饭
材料：牛肉、迷你卷心菜、洋葱、红椒

海鲜蔬菜炒饭
材料：冷冻海鲜、胡萝卜、红椒、洋葱

蟹肉炒饭
材料：冰箱里现成的各种蔬菜、蟹肉、菠萝
将菠萝先烤一下，酸酸甜甜的味道会更浓郁哦。

牛肉蔬菜炒饭

海鲜蔬菜炒饭

蟹肉炒饭

主食

将白米替换为由糙米、黑米、小米等五谷杂粮组成的混合米饭，既低碳水又低卡路里，非常健康。由红扁豆和糙米组成的杂粮饭，口感柔软、香气扑鼻，就算不配菜肴也足够美味（即便如此，也不能多吃哦）。注意尽量控制调味料的量，要养成少一些咸、少一些甜的清淡饮食习惯。

燕麦粥

材料：燕麦、牛油果、牛奶或酸奶、坚果、应季水果

如果你还不习惯燕麦的味道，可以先尝试用牛奶煮。等吃习惯了之后，就可以直接用酸奶了。在粥里加入香蕉、苹果和各种坚果，就成了营养丰富的健康早餐。

土豆香蕉

材料：土豆、香蕉、坚果

1.将煮熟的土豆和香蕉一起搅拌成泥。

2.放入燕麦和坚果。

虽然这道菜其貌不扬，却绝对是既美味又健康且能带来充足饱腹感的理想减肥餐哦。

各式各样的沙拉

材料：各种蔬菜、鸡胸肉或牛肉、应季水果、坚果、水煮红薯、水煮鸡蛋等。总之，选择各种你喜欢的健康食材。

这道菜既可以带来丰富而均衡的营养，又能让你有充足的饱腹感。

鸡胸肉沙拉

材料：西生菜、四分之一块鸡胸肉、三块水煮红薯、一个熟鸡蛋、5颗迷你土豆

这是我最常吃的一道沙拉，已经坚持吃好久了。

石榴沙拉

材料：鸡胸肉、石榴、两颗迷你土豆、四分之一个红薯、白菜、西生菜、杏仁等

红薯草莓沙拉

材料：新鲜草莓、小红薯半个、西生菜、鸡蛋2个

草莓既低卡路里又能带来充足饱腹感，是做沙拉的理想食材。

牛肉沙拉

材料：嫩叶蔬菜、烤大蒜、烤牛排、蘑菇

只要有烤大蒜，即便不加别的任何调料，都会非常美味。

鸡胸肉沙拉

石榴沙拉

柿子沙拉

材料：柿子、西生菜、各类坚果、水煮鸡蛋1个、亚麻籽

柿子富含钙质，且有助于钠的排出，适合经常食用。

鸡胸肉西蓝花沙拉

材料：鸡胸肉、西蓝花、红椒、洋葱、各类坚果

如果你在晚上运动之后不得不吃东西，这道沙拉就最适合不过了。健康的蔬菜坚果，再加上高蛋白低热量的鸡胸肉，绝对是消夜的理想选择。

超级食物沙拉

材料：鹰嘴豆、红扁豆、各类蔬菜、烤红椒、烤洋葱

1. 将各类蔬菜洗净。

2. 在做好的沙拉上放入鹰嘴豆和其他各种坚果。

另外，鹰嘴豆还可以放在豆奶里搅碎之后喝。在沙拉、咖喱等各种食物中放入鹰嘴豆，都可以增加风味和营养。自从开始减肥健身之后，我几乎每天晚上都吃沙拉。现在，除了周末之外，我依然保持这个习惯。一开始你可能会觉得不加沙拉酱吃不下去，习惯之后就好了。

三文鱼沙拉

材料：三文鱼（熏制三文鱼钠含量太高，最好选择新鲜的生三文鱼）、西蓝花、洋葱、罗勒叶

1. 将西蓝花稍微水煮一下，再将洋葱切碎，最后将各种食材混合起来，放上三文鱼。

2. 撒上一些罗勒叶和迷迭香，再加一点酸奶，味道就更好了。

（如果你不喜欢香辛料，也可以不加。反正我是非常喜欢各种天然的香辛料，每次烤牛排、做肉类沙拉的时候都会放一些。）

红薯草莓沙拉

柿子沙拉

鸡胸肉西蓝花沙拉

超级食物沙拉

后记

不改变你的想法，
你就什么也做不到！

也许你读完本书之后，已经开始迫不及待地制定运动时间表和减肥食谱了。但我希望在此之前，你先改变自己的想法。丢掉"我不行"的恐惧，换上"我可以"的自信。如果你不改变自己的想法，那么不管周围人说得再多，也很难带来行动上的变化——这就是我从事健身训练11年以来所得到的最宝贵的经验。

在健身减肥这件事上，没有捷径也没有天才。任何人只要努力都可以做到。从现在起，丢掉所有的恐惧，带着自信踏上德斯朗运动之旅吧。如果你什么也不做，就什么也不会改变。运动是一项终生获益的活动，它将让你更健康、更自信。我的妻子英珠开始的时候也和各位一样，几乎对运动一窍不通。但如今，她已经完成了华丽的变身。希望她的真实经历可以让你更清楚地认识到德斯朗健身的有效性，以及运动改变生活的真实可能。本书中也记录了她对于各个动作的经验之谈和小贴士，希望可以对完全不懂运动的你有所帮助。

如果你已经有了目标和决心，那么只需要这一本书就足够了。很多人都曾经问过，这本书的韩文版书名为什么会叫《废话少说德斯朗》，其实很简单，我只是希望各位读者可以说练就练、赶快行动起来。在各位漫长的人生道路中，一年的时间并不算长。且试着投入一年的时间来加入德斯朗运动吧，结果一定不会让你失望！

德斯朗运动教练　赵诚俊